汉字的世界

一苇 著

齐鲁书社

图书在版编目（CIP）数据

汉字的世界 ／ 一苇著． —— 济南 ：齐鲁书社，
2020.6
ISBN 978-7-5333-4343-9

Ⅰ.①汉… Ⅱ.①一… Ⅲ.①汉字－通俗读物 Ⅳ.
①H12-49

中国版本图书馆CIP数据核字(2020)第078517号

汉字的世界
HANZI DE SHIJIE

一苇 著

主管单位	山东出版传媒股份有限公司
出版发行	齐鲁书社
社　　址	济南市英雄山路189号
邮　　编	250002
网　　址	www.qlss.com.cn
电子邮箱	qilupress@126.com
营销中心	（0531）82098521　82098519
印　　刷	山东星海彩印有限公司
开　　本	889mm×1194mm　1/24
印　　张	8.75
字　　数	202千
版　　次	2020年6月第1版
印　　次	2020年6月第1次印刷
印　　数	1-5000
标准书号	ISBN 978-7-5333-4343-9
定　　价	45.00元

写在前面的话

　　所有古老文明的文字，可能都来源于图画，比如两河流域的楔形文字、埃及的纸草文字、古印度的印章文字以及中国的甲骨文。因为这些看起来像一幅幅画的文字，来自人类内心深处对世界的体悟，所以它是人类心灵孕育的另类生命，这些生命构成了与人类息息相关的另外一个奇妙的世界。可惜的是，随着那些古老文明的中断，与之相关的文字世界也相继淹没在历史的长河中，结束了它们的故事。

　　但其中有一个例外，这个例外就是中国的文字。与众多的字母文字不同，中国人今天使用的汉字，仍然保留了人类最原始文字的基因密码，原因是中国的文明虽然也曾经遭受过一次次打击，但每一次都能死里逃生，顽强地延续到今天，成为人类文明史上唯一的特例。而这个从未中断的文明，特征之一，就是文字形态虽几经巨变，却保留了纯正的血统。

　　不管是中华文明，还是特立独行的汉字，在近现代史上都曾经饱受质疑。质疑的原因，其实是出在没有深入了解而产生的误解。我们如果选择一种理性的态度来面对，就会对其中的优劣有更清醒、更准确的认识，从而最大限度地避免负面的影响，发掘对我们有价值的营养，在理智的民族认同感和自豪感的引导下，以鲜明的特色弄潮于当今的世界。

　　我们的汉字，就给予了我们这样一个机会。汉字的世界从来就没有消亡，我们可以从今天的汉字逆流而上，去追溯汉字生命发展的完整图景，跟我们遇见的每一个汉字相认，见证它们的成长，回味它们的故事，享受汉字的世界带给我们的丰厚的体验。这里既有文字本身的生命张力，也有生长于文字背景中的古老文明的能量。走进这个汉字世界，才知道我们的历史殿堂有多么恢宏，多么令人激情澎湃。

　　写这本小册子，正是在做一次小小的实验，看看能否打开追溯汉字生命世界旅程的一个通道，走进汉字的世界，进而触摸作为背景的古老文明，就像一个婴儿，幸福地感受母亲的体温。

我们选取了两百个常见汉字，设置了这样几个板块，分别是：释字、字形演变、知识拓展、字族链接或文字小常识、相关成语等。

释字和**字形演变**相搭配，解读汉字的造字灵感和字形进化过程。其中的字形演变，根据进化脉络，选取五个字形，其中后三个字形固定为篆书（以《说文解字》为准）、隶书和楷书，而前两个字形以甲骨文和金文为主，如果甲骨文或金文中缺少某种字形，则选择两个金文或者两个甲骨文，如果仍有缺环，则根据文字演变规律，选择战国竹简、侯马盟书、石鼓文、说文古文、说文籀文等字形。简称对照如下：

甲：甲骨文　金：金文　简：战国竹简　盟：侯马盟书　鼓：石鼓文

古：说文古文　籀：说文籀文　篆：篆书　隶：隶书　楷：楷书

知识拓展旨在展示文字（包括字族链接中的文字）相关的文化，尝试以这种方式解读其文化背景的一角。

字族链接或**文字小常识**相互交替出现。字族链接体现许多汉字相互之间紧密的关联，甚至形成族群的特点。文字小常识则选择与汉字相关的常识，通过这些小常识的普及，达到对汉字整体信息的把握。

相关成语是一种额外的辅助，在这里，既可以体会成语这种富有特色的文化现象，也可以对汉字的运用有一个直观的感受。

我们期望通过这些板块，展现出汉字世界的一个角落，并通过这个角落映射出汉字大世界。愿望是美好的，但由于能力所限，我们并不确定能做到几分，在这里只能感恩大家的包容！

好了，先说到这里，让我们相约在汉字的世界里——再见！

一苇在此长揖

2020 年春

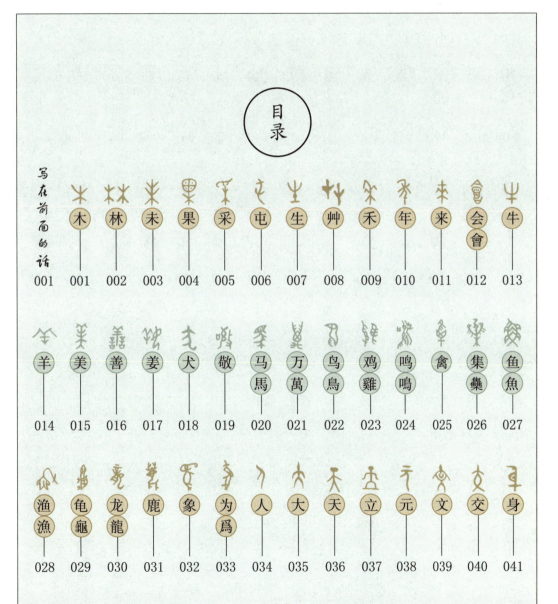

目录

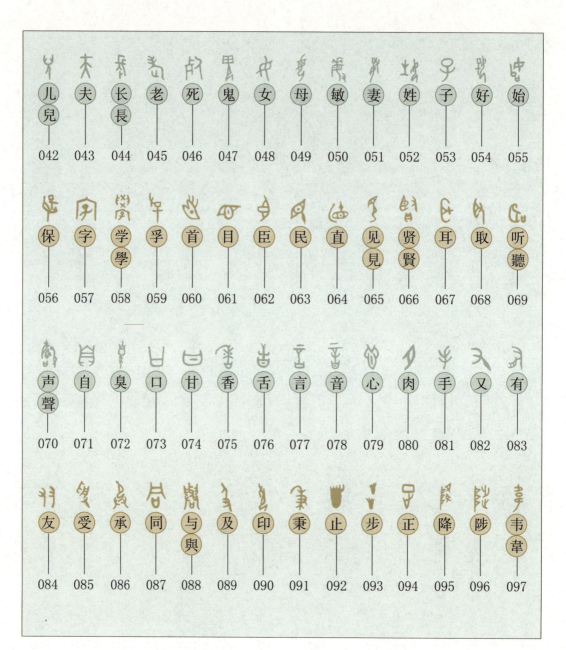

儿兒	夫	长長	老	死	鬼	女	母	敏	妻	姓	子	好	始
042	043	044	045	046	047	048	049	050	051	052	053	054	055

保	字	学學	孚	首	目	臣	民	直	见見	贤賢	耳	取	听聽
056	057	058	059	060	061	062	063	064	065	066	067	068	069

声聲	自	臭	口	甘	香	舌	言	音	心	肉	手	又	有
070	071	072	073	074	075	076	077	078	079	080	081	082	083

友	受	承	同	与與	及	印	秉	止	步	正	降	陟	韦韋
084	085	086	087	088	089	090	091	092	093	094	095	096	097

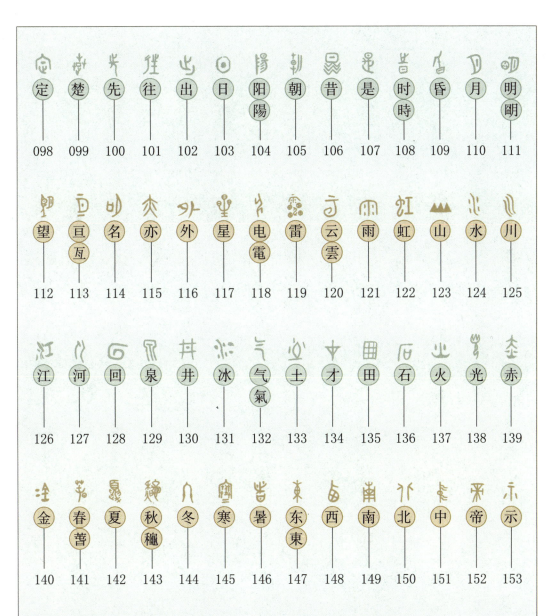

定	楚	先	往	出	日	阳陽	朝	昔	是	时時	昏	月	明朗
098	099	100	101	102	103	104	105	106	107	108	109	110	111

望 亘互 名 亦 外 星 电電 雷 云雲 雨 虹 山 水 川

112 113 114 115 116 117 118 119 120 121 122 123 124 125

江 河 回 泉 井 冰 气氣 土 才 田 石 火 光 赤

126 127 128 129 130 131 132 133 134 135 136 137 138 139

金 春瞢 夏 秋穛 冬 寒 暑 东東 西 南 北 中 帝 示

140 141 142 143 144 145 146 147 148 149 150 151 152 153

003

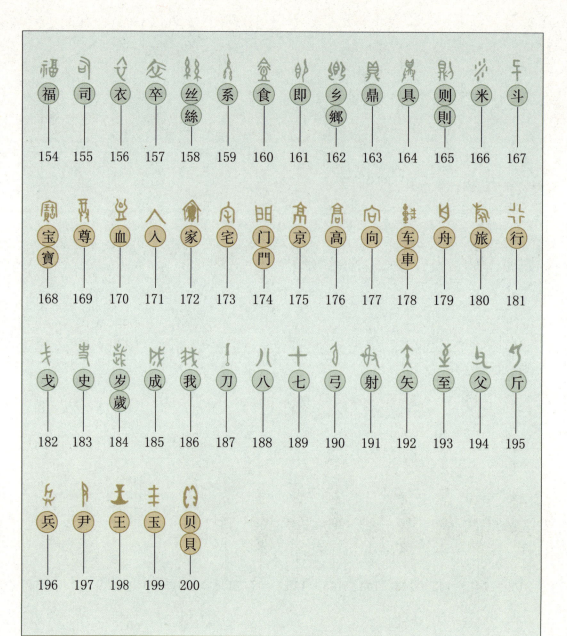

福	司	衣	卒	丝絲	系	食	即	乡鄉	鼎	具	则則	米	斗
154	155	156	157	158	159	160	161	162	163	164	165	166	167

宝寶	尊	血	入	家	宅	门門	京	高	向	车車	舟	旅	行
168	169	170	171	172	173	174	175	176	177	178	179	180	181

戈	史	岁歲	成	我	刀	八	七	弓	射	矢	至	父	斤
182	183	184	185	186	187	188	189	190	191	192	193	194	195

兵	尹	王	玉	贝貝
196	197	198	199	200

释 字

古人是怎样用字形描述一棵树的呢？让我们来和古人一起凝视一棵树：中间竖在地面之上的是树的主干，上面是分出的枝丫，地面之下是分出的树根，于是甲骨文、金文把树写作"米"。"木"原来就是一棵大树。

知识拓展

木的文化含义

　　木是五行之一。根据五行的生克关系，水生木，木生火；金克木，木克土。木对应的方向是东，对应的季节是春，对应的五色是青，对应的五音是角，对应的五味是酸，对应的五脏是肝，对应的五气是风，对应的五情是怒。在《周易》八卦中，木对应的是巽卦。

字形演变

字族链接

　　"木"是一棵树，那么树根在哪里？树根在树的下面，于是古人在"米"的下部画一个小短横，字形变成"米"，这就是"本"字。"本"字的本义是树根。树梢在哪里？树梢在树干的上面，于是古人在"米"的上部画一个小短横，字形变成"米"，这就是"末"字。"末"字的本义是树梢。

　　一个人走累了，靠在大树下休息休息，猜一猜这是什么字？（答案就在本页）

木　本
末　休

001

释 字

　　一棵树是"木"，那么更多的树呢？古人用自己的智慧轻而易举地解决了这个问题：把两棵树并在一起，就可以表示更多的树木，由此产生了"林"字。古时一般把山脚丛生的树林称作麓，把平地丛生的树林称作林。

知识拓展

林的文化含义

　　"林"字除用于树木之外，还引申为许多同类事物的会聚，比如儒林、艺林、民族之林等。而《孙子兵法》"其疾如风，其徐如林"中的"林"，指的是森严之意。因为古代许多隐士喜欢隐居于山林之中，所以，山林也是隐士文化的一种象征。

字形演变

 甲 金  篆 隶 楷

字族链接

　　一木为树，二木成林，三木成森。二木是表示比一棵树多，而"三"在古文中表示很多的意思，所以三木组成的"森"字表示比林更多的树。

 木  林 森

释 字

　　"木"字是中间有树干，上有枝叶，下有根脉。那么多一重枝叶呢? 多一重枝叶的金文字形是"米"，这个字就是"未"字。枝繁叶茂，看不清枝叶后面的情况，看不清就是未知，所以就有了"未"的含义。

知识拓展

地支中的未

　　未是十二地支排序的第八位，周历十二月中的八月，夏历十二月中的六月，十二时辰中未时相当于下午1点到3点，十二生肖中未属羊。

字形演变

　甲 　金 　篆 　隶 　楷

字族链接

　　"未"是"昧""妹"的本字。"昧"是说茂密的树木挡住了太阳，所以看不清，看不清就是"昧"，古代指天蒙蒙亮(昧爽: 拂晓)。那么"妹"是什么意思呢? 女孩年龄小，对外面的世界什么也不知道，是人的蒙昧状态，所以年龄小的女孩就是"妹"。

　昧 　妹

003

释 字

春华秋实，经过一个夏天的生长，秋天树上结满了果实。那么，古人是如何表达果实的呢？甲骨文是一树多果，作""，像栗子；金文是一果多籽，作"果"，像石榴。金文的这个字形流传了下来，后来为了书写方便，省略了果中的籽粒。

知识拓展

言必信，行必果

孔子说："言必信，行必果，硁硁然小人哉！"那么，这句话该怎么理解呢？孟子的解释是："大人者，言不必信，行不必果，惟义所在。"原来这是两个层次的做人标准：第一个层次，首先要做到说话可信，做事情必须有结果；第二个层次是不一定拘泥于"言必信，行必果"，是否"信"是否"果"，重要的是看它是不是符合"义"。

字形演变

甲

金

篆

隶

楷

文字小常识

甲骨文

中国最早的文字是什么？目前已知的中国最古老的成熟文字就是甲骨文。那么，这种文字为什么叫"甲骨文"？原来，这种文字被刻在龟甲或者兽骨上，而龟甲和兽骨简称"甲骨"。甲骨文最早发现于1900年前后，出土于河南安阳殷墟。甲骨文就是我们今天汉字的源头。

释字

树上的果子成熟了，要想吃到果子，就要用手把果子采下来。所以一只手在树上采果子，这个字就是"采"。早期字形有的是树上长有果实，上面的手后来变形为"爪"，作""；还有的字形省略了果实，只有一只手和一棵树，作" "。

知识拓展

采（cài）邑

采邑，是天子或者诸侯分封给大臣的领地。后来许多的姓氏来自采邑的名字，比如西周初期的三监——管叔、蔡叔、霍叔，各自的采邑为管、蔡、霍，因此他们的后人分别以管、蔡、霍为姓氏。战国时期著名的改革家商鞅，因为采邑在商这个地方，所以称作商鞅。

字形演变

 甲　 金　 篆　 隶　 楷

文字小常识

金文

金文是铭刻或铸造于青铜器上的文字，又叫青铜器铭文、钟鼎文，盛行于商周时期。金文与甲骨文不同，早在汉代，就已经有少量出土，因此金文成为中国古代金石学的重要内容之一。商代青铜器上的铭文字数不多，最常见的是族徽式的文字，看起来像一幅画。周代开始出现长篇的铭文，这些铭文为我们提供了珍贵的史料。

汉 字 的 世 界

相关成语

蜂屯蚁聚 囤积居奇 炉火纯青 浑浑沌沌

释字

一颗种子种在地里，春天的时候破土而出，细嫩的小芽刚刚长出地面，这个字就是"屯"字，甲骨文写作 $\diagdown$。因为刚刚来到这个世界，懵懵懂懂，什么都不知道，未来需要有一个漫长的成长过程，所以，这个字有屯集、艰难、单纯、浑沌、愚钝等含义。

知识拓展

屯与浑沌

在《周易》中，屯卦是排在乾坤之后的第三卦，象征天地刚刚开辟的懵懂和浑沌状态。《庄子》把这种状态拟人化，称之为"浑沌"。据说一个叫"倏"的人和一个叫"忽"的人为了报答浑沌，给他凿了七窍，希望他能像人一样拥有五官，结果浑沌被两人给凿死了。

字形演变

甲

金

篆

隶

楷

字族链接

"屯"因为有单纯、浑沌、愚钝等含义，所以"屯"是"纯""沌""钝"等字的本字。一捆没有经过染色加工的丝织品就是"纯"，因为与丝织品有关，所以加"纟"的偏旁；浑沌像涌动的水，所以"沌"字加"氵"的偏旁；而"钝"主要指金属武器不锋利，所以加"金"的偏旁。

$\text{纟} + \text{屯} = \text{纯} \qquad \text{氵} + \text{屯} = \text{沌} \qquad \text{金} + \text{屯} = \text{钝}$

006

释字

　　当植物的生长摆脱芽的状态，会变成什么样子呢？这个字就是"生"字。甲骨文和金文的"生"字写作"屮"和"屮"，象征从地中生长出幼苗，幼苗有向上的三个分叉，也就是"屮"（一株草）字，意思是地面上长出的草。

知识拓展

生肖

　　生肖，是中国人特有的标签。中国古代用天干地支纪年，十二地支每十二年一个轮回，每一个地支对应一个动物，这十二个动物就是十二生肖。十二生肖对应的地支分别是：子鼠丑牛，寅虎卯兔，辰龙巳蛇，午马未羊，申猴酉鸡，戌狗亥猪。

字形演变

甲

金

篆

隶

楷

文字小常识

仓颉造字

　　汉字究竟是谁发明的呢？据说是黄帝时代一个叫仓颉的史官，根据鸟兽的足迹发明了汉字。汉字被发明出来的当天，发生了一件奇怪的事情："天雨粟，鬼夜哭。"（天上像下雨一样下谷子，鬼在夜中哭泣）

　　汉字其实起源于新石器时代的刻画符号，经过几千年的积累和演变，在商代时形成了体系完备的甲骨文，汉代时演变成了字形更加规范、结构更加稳定的汉字。

释 字

"艸"，这是个什么字？原来这就是"草"字的本来面目。最早的"草"字写作"艸"，是两棵小草并排生长的样子。后来这个字常常被拿去当作"艹"字头用，所以又创造了一个形声字"草"。"草"字出现以后，绝大多数人就不再认识原来的"艸"字了。

知识拓展

什么是本草

草木属于一类，在五行当中，"草"可以归于"木"类。草木类古代也称作本草，本指的是木，草指的就是草，所以，所谓本草其实就是古代对植物的统称，比如《神农本草经》《本草纲目》等，里面的主体内容就是各种植物的治疗功效。

字形演变

甲

金

篆

隶

楷

字族链接

"艸"处在"屮""艸""卉"三字的中间。犹如"木""林""森"三个字的关系一样，一棵草是"屮（chè）"，两棵草是"艸（cǎo）"，三棵草是"卉（huì）"。"屮"—"艸"—"卉"，表达的是：草的数量一个比一个多。

屮

艸

卉

释字

一颗种子种在田里，发芽、生长，经过春天和夏天，秋天的时候长成一棵成熟的庄稼，这棵成熟的庄稼就是"禾"。而其成熟的标志，就是谷穗的下垂，所以，"禾"字甲骨文、金文的字形是""和"　"，表达的是一棵有根有枝叶的植物，顶端因为有果实长成而下垂。那么，禾是什么呢？禾就是我们熟悉的谷子。

知识拓展

禾与和

按照《说文解字》的说法，"禾"之所以叫作"禾"，与"和"字有关。一棵嘉谷，从播种到收获，经历了从春天到秋天的过程，每一个生长阶段都与季节相协调。因为与大自然相和谐，所以称作与"和"谐音的"禾"。"和"是中国古代非常重要的概念，所谓"和"，就是踏准节拍，相互和谐。

字形演变

甲

金

篆

隶

楷

字族链接

因为"禾"包含了"和"的含义，所以"禾"与"和"密切相关。"和"本来写作"龢"。"龠"是一种管乐器，是众乐器的领袖，用来协调各种乐器，所以"龢"就是和谐的意思。而"禾"的生长需要风调雨顺、四时和谐，所以，"禾"本身也是和谐的结果。

龢

009

释 字

庄稼成熟了，接下来的事就是收获。由谁来收获呢？当然是由人来收获。一个人把沉甸甸的"禾"背回家，这个字就是"年"，甲骨文写作"𠂤"，所以"年"是庄稼收获的意思。因为古代以谷子（禾）为代表的庄稼多是春种秋收，一年一季，所以"年"逐渐成为一个时间的概念，也就是365天为一年的"年"。

知 识 拓 展

古代年的称谓

古代表示一年周期的词除了"年"之外，还有"岁""祀""载"。"年"是以庄稼的收成为周期；岁是以岁星在天空中十二年一周的位置变化为周期；"祀"是以一年之内一个轮回的祭祀为周期；"载"来自"𢦤"，"𢦤"来自"在"，"在"最初的字形是小草刚刚长出地面，所以用这种状态表示一年的开始。

字形演变

甲　金　篆　隶　楷

文字小常识

仰韶文化刻画符号

20世纪五六十年代以后，研究人员在仰韶文化半坡、姜寨等遗址出土的陶器及其残片上，发现了许多刻画符号。这些刻画符号比甲骨文早两三千年，部分符号甚至能找到与甲骨文的对应关系，仰韶文化刻画符号很可能是中国文字的源头之一。

释字

"来"的早期字形作"朱"，看起来很像"禾"字，不同的是"来"字比"禾"字多出了芒刺。为什么会多出了芒刺？原来，"来"与"禾"是不同的庄稼，"禾"是谷子，"来"是麦子，麦穗上面有尖尖的芒刺。《说文解字》说：周从上天那里得到了瑞麦，因为瑞麦是自上天而来，所以称作"来"。

知识拓展

什么是五谷

中国有古老的农耕文明，古人把古代主要的农作物概括为五谷，分别是：稻、黍、稷、麦、菽。在这五谷当中，稻是大米，黍是黄米，稷是小米，麦是小麦，菽是大豆。其中稻、黍、稷、菽都是中国原产，但麦很可能是夏商周时期或者更早传入的，是由外而来，这也许是"来"字字形像麦子的原因。

 字形演变

 甲   金   篆   隶   楷

字族链接

非常有趣的是，"来"与"麦"字的字义恰好互相颠倒。"来"是麦子的象形，而"麦"字是在"来"的下面加上一只倒过来的脚（夊），恰恰表达了到来的含义。但奇怪的是，描绘麦子形状的字是来去的"来"，加上脚的倒成了麦子的"麦"。

011

释 字

"会（會）"早期字形作""和"🥣"等，最初指的是粮食会聚。把米或者米袋子放在有顶有底的粮仓里面，就是"会（會）"。所以最早的"会"是"粮食会"，后来凡是和聚会有关的都可以称作"会"，比如"社会""会师""会盟""会晤"等。

知识拓展

庙会

庙会是中国的传统民俗活动，很可能起源于古代的祭祀。一般依托于当地的寺庙，时间节点则与传统节日有关，比如正月的庙会、二月二的庙会、重阳节的庙会等。庙会期间，除了有与宗教相关的活动之外，更多的是民间各种娱乐活动。

字形演变

 金　 金　 篆　 隶　 楷

字族链接

"会（會）"字与"合""仓（倉）"两个字有关。"合"是一个有盖有底的容器，可大可小，小的只是个盒子，大的如果加上半扇门，也就是"户"字，就变成了"仓（倉）"字，"仓（倉）"就是加上门的"合"。打开仓门，就会发现，原来里面堆满了米，这就是"会（會）"。

 合　 倉　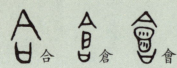 會

释字

最初造"牛"字的时候，可以直接画一只牛头，如""。这个形象的牛头虽然好认，但书写并不方便。那么，如何简化"牛"字呢？古人最终从角的形状找到了灵感。牛和羊这两种相近的牲畜角的特点分别是什么？牛的角内收，羊的角外翻。于是，两只角向内收的""就成了"牛"字。

知识拓展

太牢

古代在祭祀之前，把牺牲暂时圈养的地方叫作"牢"。而太牢和少牢指的是不同等级的祭祀。太牢用的是牛羊豕（猪），少牢省去了牛，只有羊豕（猪）。比如天子祭祀时用太牢，诸侯祭祀时就降了一级，用少牢。

字形演变

 甲　 金　 篆　 隶　 楷

字族链接

与"牛"相关的字有很多，比如"牧"和"物"。"牧"是手持棍棒放牛放羊，也就是管理牛羊，所以，"牧"在古代有管理的含义。"物"字由"牛"和"勿"组成。"勿"是耕地时泛起的尘土，因为牛的体形很大，所以两个字组合在一起，就可以象征世间的万物。

 ＋ ＝ 牧　物

释字

"羊"字和"牛"字是一对，都是取头部的形象，然后在角上加以区别。两角内收的"♈"就是"牛"，两角外翻的"♈"就是"羊"。不过表达"羊"字面部的笔画随着字形演变而增多，逐渐和"牛"形成了鲜明的区别。

知识拓展

吉祥文化

吉祥文化是中国具有代表性的民俗文化之一。在中国的民间，百姓通过各种有吉祥寓意的物件、图案、语言文字等表达对美好生活的向往，比如以灵芝为主题的如意、与"福"字谐音的蝙蝠、象征财富的元宝、两个"喜"字并在一起的"囍"，等等。

字形演变

甲　金　篆　隶　楷

字族链接

古代常以"羊"字为"祥"字。《说文解字》说："羊，祥也。""祥"的构字本义是因为人向神灵供奉羊等牺牲，作为回报，神向人显示事情的征兆，本来有吉有凶，后来专指吉兆。

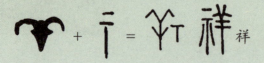

释字

"美"字古今的字形相同，上面是"羊"，下面是"大"，表达的意思是什么呢？原来古人认为大块的羊肉是最好的美味。所以，"美"最初的含义是美味。后来，由美味扩展为外观的美。甲骨文的"（美）"字，看起来像一个顶着羊头的人。

知识拓展

五味

"美"最早指的是美味。古人把各种味道总结为五味，分别是：酸、甘（甜）、苦、辛（辣）、咸。五味的划分其实与中医五行对应五脏说紧密相关，《黄帝内经》认为：酸生肝，甘生脾，苦生心，辛生肺，咸生肾。按照这个理论，我们就可以通过五味的变化来调理五脏。

字形演变

甲

金

篆

隶

楷

字族链接

表达美味的字除了"美"以外，还有"羞"字。"羞"字最初的字形是一只手拿着羊。这个羊并不是指一头羊，而是指羊肉，并且是煮熟的羊肉，用现在的话说，相当于手抓羊肉。手持煮熟的羊肉，是为了献给神灵或者祖先，而进献给神灵和祖先的一定是美味。所以"羞"最初的含义是美味，后来在这个含义上改用了"馐"字。

羞

善

释 字

"善"字最早的字形是"羊"字下面两个"言"字，作"譱"，"羊"就是"祥"，所以"善"的本义是吉祥之言。因为"羊"意为吉祥，因此，"善""義（义）""美"三个字，表达的都是吉祥、善美。"善（譱）"字后来为了书写方便，下面的两个"言"字简化为一个"言"。

知识拓展

上善若水

"上善若水"出自《老子》第八章："上善若水，水善利万物而不争，处众人之所恶，故几于道。"老子用水来比喻君子的品格。那么，水善在哪里呢？老子至少总结了这样三条：一，"善利万物"；二，不与万物争，好处都给别人；三，水的特点是总是向下，因为强大而谦卑。

字形演变

金

篆

篆

隶

楷

文字小常识

大汶口文化刻画符号

20世纪70年代，在大汶口文化莒县陵阳河等遗址出土的陶尊上，发现了类似文字的刻画符号。虽然数量不多，但非常有特点，有的像生产工具，有的和太阳有关。其中最为著名的就是以太阳为主题的刻画符号，一般有两种形态：一种是太阳下面有云；一种是不仅太阳下面有云，而且云下有山，犹如在泰山之巅观日出东方。

释 字

　　"姜"是一个古老的姓，最早可能来源于炎帝。"姜"字由"羊"和"女"组成，甲骨文写作"𡚸"，"女"在这里表达的是"姓"的功能，所以，"姜"字最早的含义是以"羊"为姓。也就是说，"姜"姓的人最早应该是以放羊为主业的族群。

知识拓展

姜太公

　　吕尚是西周初期的著名人物，因为他姓姜，所以，后人尊称他为姜太公。传说他年龄很大的时候，在渭水之滨钓鱼，当时的西伯也就是后来的周文王亲自来请他出马。后来他辅佐周武王灭掉了商朝，建立了周朝。周朝建立后，他被分封到齐地，成为齐国的始祖。

字形演变

甲　　　金　　　篆　　　隶　　　楷

字族链接

　　"羊"和"女"组成的字是"姜"字，从表面上看，是一个牧羊女。那么，如果不分性别呢？不分性别就成了"羊"和"人"的组合，这个字就是"羌"字。"羌"字从字面理解，是一个牧羊人。所以，最早的羌族也是以牧羊为生的，而姜姓最初应当与原始的羌族有关。

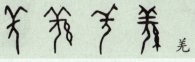　羌

释字

犬是人类最早驯化的动物之一，在新石器时代的遗址中就发现有殉葬的犬。"犬"早期字形可以视为犬侧身的简笔画，线条化以后的"犬"字与"豕"（猪）字非常接近，头、耳、身以及前后肢几乎看不出区别，只有尾巴不同，豕的尾巴向下，作"𧱊"，犬的尾巴向上，作"𤞞"。

知识拓展

六畜

犬是六畜之一。古代的六畜指的是人类驯化较早的六种动物，分别是：马、牛、羊、鸡、犬、豕（猪）。畜，意思是蓄养，所以六畜的本义是六种人类蓄养的动物。这六种动物与人类的关系密切，所以在十二生肖中，它们全部入选。

📖 字形演变

甲

金

篆

隶

楷

字族链接

在古代造字中，牛羊一组，犬豕一组。古人区别牛羊的特点是牛角和羊角的方向，那么，如何抓住豕（猪）和犬（狗）区别的特点呢？这一次古人把目光转移到它们的尾巴：豕是短尾向下，而犬是长尾上翘。

豕　　　　犬

释字

"敬"是从"茍"字发展而来的，而"茍"又是来源于"芍"字。甲骨文中，"苟（芍）"是一只蹲坐的狗，警觉地竖着两只耳朵，这是"狗"字的来源。加上"口"字，表达了狗叫的含义，这就是"茍"字，现在写作"苟"。再加"攵"字，就变成了"敬"字；再加上"言"字，又变成了"警"字。

知识拓展

古人的敬畏心

中国人自古以来常怀敬畏之心，敬畏天地、敬畏自然、敬畏祖先、敬畏生命，这种敬畏精神成为君子人格的重要组成部分。在古代中国，敬畏不仅是一种品格，而且是一种智慧，《周易》《尚书》《老子》《论语》等重要的古代文献，都体现出这种思想。其实，敬畏心也是整个人类共同的财富。

字形演变

甲

金

篆

隶

楷

字族链接

"芍"字在甲骨文和金文当中是蹲坐的狗的简笔画，最原始的含义就是"狗"。因为这只"狗"竖着耳朵，所以，又有了"敬""警""惊（惊）"的含义，这样，就形成了"芍"—"茍"—"敬"—"警""惊（惊）"的字族链接。

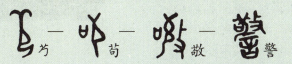
芍　苟　敬　警

释 字

"马（馬）"字作为象形字，无论是甲骨文的"🐎"还是金文的"🐎"，笔画都比较复杂。古人在造"马（馬）"字时，抓到的主要特征是尖耳、大眼睛、长长的马鬃和特殊的马尾。即使符号化以后，笔画仍然比较繁多。

馬

知识拓展

殉马墓

在古代，马是重要的交通工具，所以马的多少往往成为国力的象征。春秋末期，齐国因为有名相晏婴的辅佐，国力强大，拥有大量的马匹。20世纪六七十年代，考古人员在齐国故城附近发掘了一座巨大的殉马墓，按照密度计算，全部殉马当在六百匹左右，规模惊人。据考证，墓主人正是齐景公。

字形演变

甲　金　篆　隶　楷

文字小常识

丁公遗址陶文

20世纪90年代，考古人员在山东龙山文化丁公遗址中意外发现了一块有刻画文字的陶片，陶片上的文字与以往的刻画符号不同。它的特点是：一、共有十多个连续的文字；二、刻写的手法流利纯熟，更像是成熟的文字；三、文字的字形与后来的甲骨文体系完全不同。那么，丁公陶文会不会是与中原文化不同的东夷人使用的文字呢？我们期待着答案。

万

萬

释 字

作为数字的"万（萬）"字是从哪里来的呢？非常有趣的是，"万（萬）"字的字形来自一只蝎子的象形（🦂）。这只蝎子高举着两只巨大的螯，勾着带毒的尾巴，气势汹汹。因为蝎子经常成群活动，所以，"万（萬）"字被借去当作百千万的"万"字使用。

知识拓展

虿（chài）盆

商代的亡国之君商纣王是一个残暴的国君，传说他发明了一种酷刑，叫作虿刑。纣王让人首先在地面上挖一个又深又大的土坑，然后在里面放大量的蛇蝎等毒虫，这个土坑就叫作虿盆。施刑的时候，把犯罪的人推到虿盆里面，让毒虫叮咬，极其残忍。

字形演变

 甲

 金

 篆

 隶

 楷

字族链接

"万（萬）"的本义是蝎子，这个字被借去作为数字使用后，表达蝎子的字就加了"虫"字底，变成"蠆"（虿）字。后来因为"虿"字不常用，所以在蝎子的含义上另造了一个通俗称谓的形声字"蝎"。

 萬

 蠆

021

汉 字 的 世 界

相 关 成 语

百鸟朝凤 鸟语花香 惊弓之鸟 鸟尽弓藏

鸟

鳥

释 字

　　"鸟"字早期字形画面感特别强，许多甲骨文和金文都是一只十分可爱的小鸟的象形（🐦），有鸟喙、鸟头、鸟羽、鸟尾、鸟爪，还有一只大眼睛。因为鸟只有降落的时候才便于观察，所以"鸟"字所取的鸟形为静止状态的鸟。

知识拓展

古代鸟崇拜

　　因为鸟可以翱翔于天空，所以，古人认为鸟可以沟通天上与人间，鸟崇拜的习俗由此产生。在大汶口文化、良渚文化等中国新石器时代的许多遗址中，都曾发现过与鸟崇拜有关的遗物或纹饰。文献记载，少皞氏以鸟纪官，说明擅长弓箭的东夷人很可能是以鸟为图腾的。

字形演变

甲

金

篆

隶

楷

字族链接

　　"鸟（鳥）"与"隹（唯）"字同源，"鸟"主要指鸟的形象，"隹（唯）"主要指鸟的叫声。"鸟"字图画性更强一些，"隹"字符号化程度更高一些。把"小""隹"两个字放在一起，意思就是小鸟，这个字就是"雀"。

鳥　　　隹（唯）　　　雀

释字

鸡是家禽的代表、古代的六畜之一。而鸡是从野鸡驯化而来的，古时野鸡也有专用字——"雉"。"鸡（雞）"是形声字，"奚"是"鸡（雞）"的读音，"隹"或"鸟"表示"鸡（雞）"的含义。鸡的功能是报晓，所以甲骨文的"鸡（雞）"字就是一只报晓的雄鸡。

雞

知识拓展

闻鸡起舞

东晋时期的著名将领祖逖为了收复晋朝丢失的河山，曾经发动大规模的北伐战争，虽然最终没有成功，但在历史上留下了浓重的一笔。传说他年轻时与刘琨一同担任司州主簿，两个人常常同床而卧。有一天，祖逖在夜里听到鸡叫，就叫醒身边的刘琨，穿起衣服到屋外舞剑练武。这就是"闻鸡起舞"的故事。

字形演变

甲

金

篆

隶

楷

文字小常识

汉字数字来源

古人最早使用的数字很可能是一种积画记数，"一"画一道，"二"画二道，多一个数，就多画一道。可是如果数量多了，这种原始的方法就不方便了，所以古人就必须想出其他的方法。比如甲骨文"一"到"四"仍然用积画的方法，"五"以后开始借用其他的字，最终解决了这个难题。

一　二　三　四　五　六　七　八　九

释 字

　　"鸣"是一只鸟或者鸡昂首鸣叫，比如甲骨文就是一只雄鸡报晓的象形（）。鸡的胸前加了一个"口"字，表示这只鸡发出的鸣叫声。后来规范的字形是"口"和"鸟"的组合，用来表示鸟叫或者类似鸟叫的声音。

鸣

知识拓展

一鸣惊人

　　据说齐威王当年沉迷于酒色，荒废了朝政。有一个叫淳于髡的人来见他，对他说："有一只大鸟落在大王的庭院里，三年了，不飞也不鸣。请问大王，这只鸟怎么了？"齐威王这时候才意识到自己的问题，他对淳于髡说："你不用担心。这只鸟不飞则已，一飞冲天；不鸣则已，一鸣惊人。"

字形演变

甲 金 篆 隶 楷

字族链接

　　和"鸣"字同源的还有"唯"字，两个字都是一只鸟在叫，"鸣"指鸣叫的状态，"唯"指鸣叫发出的声音。后来，它们各自顺着不同的方向发生分化，成为两个字。而"唯"字在早期文献的发语词中作"隹"。

鸣 　 唯

释 字

"禽"字最初的字形是用捕鸟的工具捕鸟。甲骨文""字下面是一张长柄捕鸟网，即"毕（畢）"字，上面则是一只被捕获的鸟；另外一种字形是由"今"和"毕（畢）"构成的形声字（ ），捕鸟的工具是字义，"今"是读音。所以最早的"禽"字的意思是抓鸟，也就是"擒"字。

知识拓展

五禽戏

五禽戏据说是三国时的名医华佗创编的一套导引术，分别为虎戏、鹿戏、熊戏、猿（猴）戏、鸟（鹤）戏，通过模仿虎、鹿、熊、猴和鹤的特征动作，达到修身养性的目的。这里的"五禽"，指的是五种动物。

字形演变

 甲   金   篆   隶   楷

字族链接

与"禽"字相关的字有"毕（畢）""雁（離）""获（獲）""罗（羅）"等字。"毕（畢）"是长柄捕鸟工具，这个字形也可以写作"离"；"禽"是用捕鸟工具捕鸟，但作为形声字的字形由"今""离"构成；"雁"字来源于"離"，也是用捕鸟工具捕到鸟；"隻（獲）"是用手抓鸟；"罗（羅）"是用网网鸟。

 畢   禽   離（雁）   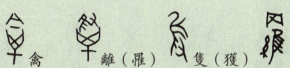 隻（獲）   羅

释字

"集（雧）"的本义是一群鸟聚集在一棵树上。甲骨文中有两种字形，一种是一只鸟即将落到树上，作"🐦"；一种是三只鸟聚集在一起，作"🐦"。金文也有三只鸟或者一只鸟落在树上的两种字形。现在一般写作一只鸟落在树上的"集"字。

知识拓展

经史子集

经史子集是我国古代的一种图书分类方法，比如《四库全书》《四部丛刊》《四部备要》等都是采用这种分类法，即所谓四部分类法。四部分别是：经，指儒家经典及其相关的著作；史，指官方或个人撰写的史书；子，指诸子百家的各类著述；集，主要指诗词文等总集或者专集。

📖 字形演变

 甲   金   篆   隶   楷

文字小常识

六书体系

汉字这种非字母文字之所以最后变成一种成熟文字流传下来，主要的原因就是六书体系的形成。古人把汉字的造字体系归纳为六种方法，分别是：象形、会意、指事、形声、假借和转注。而形声字是其中最伟大的发明，它解决了早期汉字一字多义、多字同源带来的困扰。

甲骨文选字

山 象形   休 会意   本 指事   河 形声   妹 假借   老考 转注

释 字

"鱼（）"是典型的象形字。早期的"鱼"字就是一条鱼的简笔画，有尖尖的鱼头，有的还有鱼嘴，身体的两旁是胸鳍，下面是分叉的鱼尾。规范化以后，图画的特点逐渐消失，鱼尾变成了四个点。

鱼

知识拓展

子非鱼

　　庄子和他的好友惠施在濠水桥上看鱼，庄子感慨道："你看鱼有多快乐！"惠施说："你又不是鱼，怎么知道鱼快乐？"庄子说："你不是我，怎么知道我不知道鱼的快乐？"惠施说："我不是你，所以不知道你；你不是鱼，所以你不知道鱼的快乐。"庄子说："你说'你怎么知道鱼快乐'，就是已经知道我知道鱼的快乐。"

字形演变

甲

金

篆

隶

楷

字族链接

　　三条鱼组成的"鱻"，在古代也是"鲜"的一种写法。"鱻"指鱼鲜，"鲜"指各种鲜味，后来"鱻"字被废弃，只用"鲜"字。"鲁"字由"鱼"和"甘"构成，最初的意思是品尝鱼的鲜美。

鱻

鲁

相关成语

竭泽而渔 坐收渔利 渔海樵山 渔阳鼙鼓

释 字

　　猎是捕获陆地动物的行为，渔是捕获水中动物的行为。"渔"字由"水"和"鱼"构成，意思是在水中捕鱼。早期的"渔"字有三种写法：一是用鱼竿钓鱼，作"⚲"；二是用手抓鱼，作"⚲"；三是一群鱼在水中，作"⚲"，描绘的是用渔网捕鱼的场面，后来水中的鱼省略为一条。

渔

知识拓展

大禹父子治水

　　据说在尧舜时代，天下洪水泛滥，给人民带来了深重的灾难。鲧被委以重任，负责治理洪水，但没有取得成功，最终被杀身亡。后来，鲧的儿子大禹继续治水事业，他的足迹踏遍了九州大地，曾经三过家门而不入，终于降服了肆虐的洪水。大禹因为治水的功绩，接受大舜的禅让，开创了夏王朝。

字形演变

甲

金

篆

隶

楷

字族链接

　　"鲧"传说是大禹的父亲。"鲧"的金文描绘的是手持一根带丝绳的鱼竿钓鱼，由此前推，手持鱼竿钓鱼的甲骨文或许也是"鲧"字，因此，早期的"鲧"字与"渔"字当为同源字。由此可见，"鲧"所在的部落是一个擅长捕鱼的部落。"鲧"作为捕鱼部落的首领，因为熟悉水性，所以被大家举荐治水。

鲧

释 字

龟被中国古代先民视为祥瑞的动物，原因是龟的长寿。和绝大多数动物一样，"龟"字也起源于象形字。早期的象形文字中，"龟"有俯视的形象（☒）和侧面的形象（☒）两种字形，字形中有龟首、龟背、龟的四肢和龟尾，后来由侧身的形象发展为规范字。

知识拓展

卜筮文化

中国古代先民习惯用卜筮的方式预测未来发生的事。卜是占卜，用的材料是龟甲，占卜的原理是通过烧灼龟甲而爆裂的纹路判断征兆；筮是占筮，用的材料是蓍草，占筮的原理是通过演算一定数量的蓍草判断征兆。因为龟被认为是最长寿的动物，蓍草被认为是最长寿的草，所以古人用灵龟和蓍草作为卜筮的工具。

字形演变

字族链接

"阄（鬮）"字用一个"鬥（斗）"字把"龟"圈在里面。因为龟在古代是用来占卜的，而占卜的结果要看老天的意志，所以"阄"字表达的意思是通过一种无法预料结果的方式来决定胜负，是一种人力所无法左右的争斗。后来"鬥"字简化为"門（门）"，变成了"阄"字。

释 字

龙是中国人想象出来的动物，其实它是多种动物的集合体。古代文献中认为它是九种动物聚合起来的，各种动物的特征分布于龙的全身，分别是："角似鹿，头似驼，眼似兔，项似蛇，腹似蜃，鳞似鱼，爪似鹰，掌似虎，耳似牛。"但"龙（龍）"字从早期字形来看，更像突出头部的蛇。

龙

龍

知识拓展

龙的来源

中国人号称龙的传人。而龙的图形早在五六千年前的中国新石器时代已经开始出现。最具代表性的是红山文化的龙形玉器，以及濮阳西水坡遗址的贝壳龙图案。红山文化出土的玉龙以"C"形龙最具代表性，近似于甲骨文的"龙"字。濮阳西水坡遗址出土的用贝壳堆砌的龙图案，已经非常近似于后世的龙形象。

字形演变

甲

金

篆

隶

楷

文字小常识

象形字

象形字是由图画演变而来的一种最古老的书体。在世界各地的早期文明当中，如埃及、两河流域、古印度、中国等，古老的文字多起源于象形字。这种文字属表意文字，与后来流行的表音文字不同。因为这种文字书写难度大，难以做到表音，所以绝大多数都已失传，只有中国的象形字流传了下来，并排在六书体系之首。

 山　 水　 火　 木

释 字

"鹿（ ）"字是典型的象形字。其早期字形非常丰富，这些字形都注重抓住鹿的主要特征：有一对有分叉的巨大鹿角；因为鹿的警觉性非常高，所以突出瞪大的眼睛；鹿趾的分叉表示鹿在奔跑，突出鹿的奔跑能力。

知识拓展

中原逐鹿

　　鹿是古代狩猎中最常见的猎物，而狩猎又相当于当时的军事演习，因此，古代把用军事手段争夺政权叫作"逐鹿"——就像一只鹿在前面奔跑，谁先追上，谁就会成为这只鹿的主人。秦朝末年，秦王朝失去了对政权的控制，各股军事势力争夺于中原一带，这种局面就叫作"中原逐鹿"。

字形演变

甲　金　篆　隶　楷

文字小常识

指事字

　　当象形字无法表意的时候，通过加一笔或减一笔等方式，集中人的关注点，以表达字义的方式就是指事。比如画一条弧线或者一条长横，在上面画一条短横，这就是"上"字；画一条弧线或者一条长横，在下面画一条短横，这就是"下"字。在口中画一条短横，表示口中含物，这就是"甘"字。

上　　下　甘

释 字

"象"字是象形字，从甲骨文和商代金文比如"𧰼"的字形来看，是一个生动的大象形象。大象的第一特征就是长长的鼻子，第二特征就是突出的象牙，除此之外，和猪的形象比较接近，大腹，小尾。因为大象是古人眼中最大的动物，所以古人把各种现象称作"象"。

知识拓展

天空中的四象

中国古代把天空划为"三垣"和"四象"七个区域。"四象"主要是对黄道恒星群的划分。古人通过观察，发现东方的星群像一条龙，所以东方区域叫"苍龙"；西方的星群像一只虎，所以西方区域叫"白虎"；南方的星群像一只鸟，所以南方区域叫"朱雀"；北方的星群像龟、蛇，所以北方区域叫"玄武"。

字形演变

文字小常识

会意字

会意字是把两个及两个以上的独体字合并为一个新汉字，就像讲一个故事。比如一个人背上背着一个孩子，这个字就是"保"字；比如太阳照着一个人影已经倾斜了，这个字就是"昃"字。用会意造字法造出的汉字就是会意字。会意字使汉字更加丰富，字形比象形字更具有文字性。

保　昃

释字

"为（爲）"的造字与"象"有关。早期的"为（𤔽）"字本来是一只手牵着大象的鼻子走。大象自己走，是一种自然状态，人用手牵着走，就是有所作为。后来几经变形，今天的"为（爲）"字已经看不出和大象有什么关系了。

爲

知识拓展

老子的无为

老子崇尚无为。但老子所说的无为，并不是躺在那里什么事情都不做，老子的无为是说做事情尽量顺应事物本来的规律，不能有过多的主观干涉，由此才能"无为而无不为"。可见，老子"无为"的目的其实是"无不为"。老子对"为"的理解，正是抓住了"为"字的本义，也就是让大象自己走。

字形演变

甲 金 篆 隶 楷

文字小常识

形声字

早期汉字有多字同源、一字多义的现象。比如"韦（韋）"字，中间有一个方框，表示某个位置，上下有两只脚，一只向左，一只向右，由此生成不同的含义：一、表示围绕，具有"围（圍）""卫（衛）"的含义；二、表示方向相反，具有"违（違）"的含义。在形声字出现之前，很难区别它在某种语境中的含义，而加上作为义符的偏旁之后，就分别变成了"围（圍）""卫（衛）""违（違）"等不同的形声字，一下子就可以区别开来。

韋

圍 衛 違

释字

"人"字虽然笔画非常简单，却有一个值得一提的演化过程。造字之初，"人"的象形可以是正面的，也可以是侧面的。但古人没有选择正面站立的形象作为"人"字，而是选择了一个侧身弓背的形象（亻），表达了中国人对天地自然的谦恭与敬畏。

知识拓展

古代怎样给人定义

中国古代对"人"的定义可以《礼记·礼运》中的两段话为代表："人者，其天地之德、阴阳之交、鬼神之会、五行之秀气也。""人者，天地之心也，五行之端也，食味、别声、被色而生者也。"所要表达的主要含义是，人由天地阴阳所生，是万物精华的凝聚，是天地之灵魂。有了人，天地间的一切才被赋予意义。

字形演变

甲

金

篆

隶

楷

字族链接

一个人是"人"，而两个人则有许多种组合。两个人同时向左，就是"从"；两个人同时向右，就是"比"（这两个字的方向在甲骨文中还不是很固定）；两个人向不同的方向，就是"北"（背）；两个人一个正立，一个倒立，就是变化的"化"。

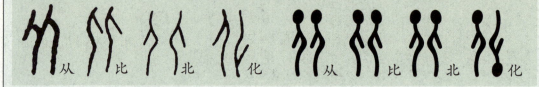
从　比　北　化　从　比　北　化

释 字

"大"的造字与"人"有关。造字之初，"人"字有两种选择，一个是正面站立的人，一个是侧身弓背的人。当"人"字选择了表示谦恭的侧身之形后，那个正面站立、特别有存在感的人形（ ）就成了"大"字。所以，"大"字最初就是一个人正面站立的简笔画。

知识拓展

什么是太极

太极的观念来自《周易·系辞》，其中包含了物质世界的生成观。《系辞》认为，世间的万事万物起源于无，从无到有，就是太极状态。太极是物质世界的根源，有了太极，就产生了阴（– –）阳（—），阴阳相交，逐渐演化，最终形成了现实世界。所以，太极观念中最重要的就是阴阳思想，这也是《周易》所有智慧的根本。

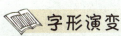 字形演变

 甲　　 金　　 篆　　 隶　　 楷

字族链接

"太"和"大"本来是一个字，比如"太子""太史""太极""太初"的"太"，早期文献中都写作"大"。后来为了表示"大"的极端状态，就在"大"字下面加了点，"大"和"太"分化为两个字。而"太"字后来经常也写作"泰"，比如"泰山"最初就写作"大山""太山"，后来写作"泰山"。

 大　　 太　　 泰

035

相关成语

天涯海角 别有洞天 天衣无缝 天真烂漫

天

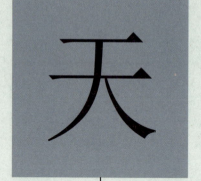

释字

“天”字是在一个正面站立的人（大）的上面画一个圆圈、方框或者一道横线（“”“”），说明“天”在人体中的位置，这个位置相当于人的头部，所以，最初的“天”指的是头或者头顶。对于生活在大自然中的古人来说，头顶之上就是天空，所以，古人也用“天”来表示上天。

知识拓展

刑天

《山海经》中有个人物叫“刑天”（也写作“形天”）。他和帝争神位，结果被帝砍掉了头。他就用乳头做眼睛，肚脐做嘴巴，舞动着盾牌和大斧继续战斗。“刑”（或者“形”）是施刑的意思，也就是用刑具砍杀，“天”就是头，所以“刑天”就是砍掉头。因此这个叫作“刑天”的人物，就是一个被砍了头的人。

字形演变

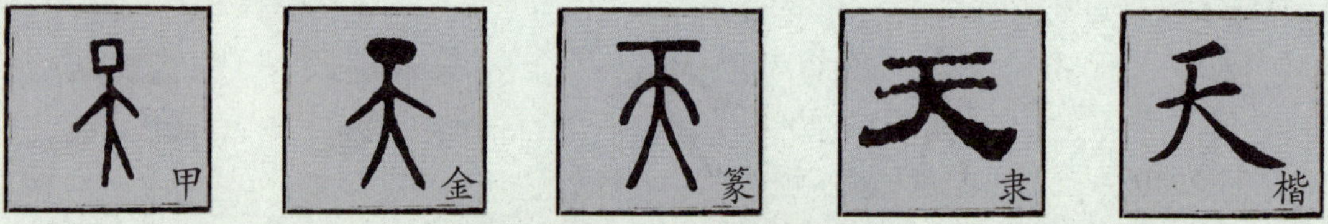

文字小知识

假借字

假借字也是一种造字方式。其原理是某一个字不用新造，而是从现成的字中借来一个发音相同或者相近的字代替，这两个字的字义或者有关系或者没有关系。比如“北”字本来是表示后背的字，但被借去当作南北的“北”，这个字被借走不还，后背的“背”只好增加了“月（肉）”的字符，变成了“背”。

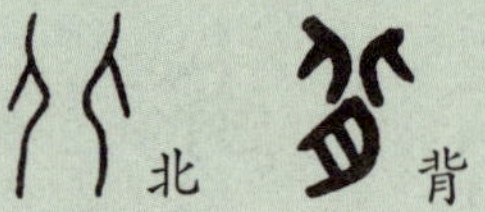

释字

在一个正面站立的人（也就是"大"字）上面画一道横，就是"天"字，那么在这个人的下面画一道横，是什么字呢？这个字就是"立"。"大"是人，"一"是地，"立"字表示人站立在地面之上。

知识拓展

三不朽

中国古代所谓的"三不朽"就是"三立"。《左传》说："太上有立德，其次有立功，其次有立言。"人的生命是有限的，那么，人世间有什么是永恒的呢？古人认为，显赫的家世并非死而不朽，只有"立德""立功""立言"才是永恒。所以，"立德""立功""立言"成为知识分子一生的追求。

字形演变

甲　　　金　　　篆　　　隶　　　楷

字族链接

因为人立在地上，表示占据了一个位置，所以"立"也是"位"的本字。后来为了区别起见，在"立"字旁边加个"人"字，构成一个新的形声字"位"。而两个人并立于地面之上，则组成了"并（並）"字。但"并"字还有另外一个起源，也就是侧身的两个人并列在一起的字形。

亻 + 立 = 位 位　　並　並　并 并

释字

"元"以甲骨文字形（）为例，上面是"二"，下面是"人"。"二"，长横在下，短横在上，其实是"上"字，也就是说"元"字是由"上"和"人"构成，表示是人体的最上面，也就是"元首"。这和"天"字的含义相近，只是一个以"大"为基础，一个以"人"为基础。

知识拓展

连中三元

"连中三元"是一个吉祥用语，源自中国的科举制度。成熟时期的科举制度共分为"乡试"、"会试"和"殿试"三个递进层次，"乡试"第一名叫"解元"，"会试"第一名叫"会元"，"殿试"第一名叫"状元"。如果三次考试都获得第一名，集"解元""会元""状元"于一身，就叫"连中三元"。

字形演变

甲

金

篆

隶

楷

文字小知识

转注字

在六书体系中，转注字比较特殊。第一，关于什么是转注字，争议比较大；第二，转注字在汉字造字方法中并不十分重要。《说文解字》举的例子是"老"和"考"，这两个字字源相同，字义可以互相替代，"老"就是"考"，"考"就是"老"。从这个角度理解，转注字只能算是汉字的一种使用方法，似乎与造字没有太大关系。

老 考

释字

正面站立的人是"大"字，但"大"为了书写方便，省略了胸部。"文"的早期字形也来自正面站立的人，与"大"字不同的是，"文"字有意夸张了胸部，目的是在夸大的胸部上画纹饰（），所以"文"的含义来源于古代先民胸上的纹身。

知识拓展

天文和人文的来历

"天文"和"人文"来自《周易》贲卦的《彖传》，原文是："刚柔交错，天文也；文明以止，人文也。观乎天文，以察时变；观乎人文，以化成天下。""天文"的本义是天的纹理，引申的含义是自然表现出来的状态；"人文"的本义是人以及社会的纹理，引申的含义是人类以及社会表现出来的状态。

字形演变

 甲
 金
 篆
 隶
 楷

字族链接

"文"是"纹"的本字，原义是纹身，由纹身引申出各种各样的纹饰、纹理。"纹"是在"文"的基础上增加"糸"的偏旁，本义是丝织品上的纹饰。"文"字后来被专用于文字、文明等方面的含义，在表达花纹等方面的含义时基本上由"纹"字取代。但许多固定的成语，仍然在使用"文"的本字。

   文 纹

释 字

　　"交"是象形字。从甲骨文、金文字形来看，"交"的字形也来源于"大"字，是把"大"字两条分开的腿拧在一起（ ），表达的是两腿交叉的含义，然后由腿的交叉延伸到表达所有的交叉、交互等含义。

知识拓展

孔子的交友之道

　　孔子的交友之道就是《论语》中所说的"益者三友"，分别是："友直，友谅，友多闻。"这是孔子交友的三个原则。"友直"就是与直率的人交朋友，"友谅"就是与诚信的人交朋友，"友多闻"就是与博学多闻的人交朋友。

字形演变

甲

金

篆

隶

楷

文字小知识

古今字

　　古今字是文献中的不同用字方式。汉字起源之初，有一字多义的特点，为了区别不同的字义，后来出现了大量加偏旁的形声字。通常情况下，早期文献经常使用原字，而较晚的文献更多地使用规范的形声字，前者可以称作古字，后者可以称作今字。比如在傍晚的含义上"莫"是古字，"暮"是今字；在悬挂的含义上"县"是古字，"悬"是今字。

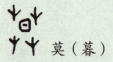
莫（暮）

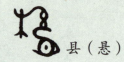
县（悬）

释 字

现在的"身"字意思是身体，但"身"字最初的字形（），表示的是一个人刚刚怀孕。甲骨文和金文都是一个侧身站立的人腹部隆起，然后在腹中画一个小点，表示腹中有胎儿。但在字形的演变过程中，逐渐看不出原义。

知识拓展

修身齐家

"修身齐家"是儒家重要的观念，出自《礼记·大学》，原文是："物格而后知至，知至而后意诚，意诚而后心正，心正而后身修，身修而后家齐，家齐而后国治，国治而后天下平。"在"修身""齐家""治国""平天下"四项当中，"修身"被放在第一位。所以，不论从事什么职业，自身的品德是决定性的因素。

字形演变

甲

金

篆

隶

楷

字族链接

甲骨文"身"的字形中，有一个"人"字隆起的腹部中一个小点，有一个"女"字隆起的腹部有一个小点，后来字形的演变来自前者。甲骨文中还有隆起的腹部中有一个"子"字的字形，表示胎儿已经成形。加点的字形逐渐演变为"身"字，加"子"的字形则逐渐演变为"孕"字。

身

孕

041

儿

释字

　　婴儿经过一段时间的养育，逐渐进入幼儿阶段。那么，幼儿最大的特点是什么？幼儿的最大特点是头上的囟门还没有闭合。所以，甲骨文、金文的"𦥑"字，是下面一个"人"，上面有一个大大的头部，而头囟是开放式的，以此表示幼儿阶段。

儿（兒）

知识拓展

孔子的儿戏

　　《史记·孔子世家》中说："孔子为儿嬉戏，常陈俎豆，设礼容。"意思是说，孔子儿时玩的游戏和其他孩子的不同，他玩的游戏是学着怎样摆放俎和豆，怎样设置各种礼仪。也就是说，孔子从小就关心社会秩序的建立。俎和豆本来是食物的盛器，但在礼仪活动中，俎和豆又是礼器中的代表。

字形演变

甲

金

篆

隶

楷

文字小常识

异体字

　　异体字的概念是相对于正体字而言的。所谓正体字，就是人为规定的规范字，规定了规范的字形之后，这个字的其他字形就成了异体字。比如"异"和"異"、"亘"和"亙"、"群"和"羣"、"綫"和"線"等，前者为正体字，后者为异体字。现在的简化字取消了异体字的使用。

数阿耨多罗三狼三菩提在诸佛及声闻辟支佛德於其中間所有善抵并餘抵所謂布施持戒忍辱精蠶羅乃至无量諸佛法一

释字

一个人从儿童到成年的标志是什么呢？在古代就是把头发绾起来。古人通常不剃发，当头发长到一定的长度，说明已经成年，这时候就需要把头发盘起来，插上发簪。在一个正面站立的人头上，横插一根发簪，写作""，这个字就是"夫"字。

知识拓展

闻诛一夫

齐宣王在与孟子对话中，请教武王伐纣的事。因为按照通常的理解，武王之举是以下犯上。想不到孟子的回答是："闻诛一夫纣矣，未闻弑君也。"当商纣王不再顾惜百姓的利益时，那么他就成了独夫民贼，杀独夫民贼，就不再是以下犯上的事了。孟子的这个观念，印证了儒家民为贵、君为轻的民本思想。

字形演变

甲　金　篆　隶　楷

字族链接

"免"是"冕"的本字。古代成年以后，把头发盘起来，除了需要用发簪卡住，还可以辅以发套或者帽子，把盘起来的头发束起来。一个人插上簪子固定头发就是"夫"字，再加上帽子就是"免"字。有人认为，《论语》中的"束脩"意思就是把长头发束缚起来，表示成年，达到了受教育的年龄。

释字

因为古人基本上不剃发，所以按照通常的理解，头发越长，年龄越大。顺着这个思路，古人造字时，用头发长表示年龄大，而年龄大，就是年长。而头发长，又可以表达长短的"长"，所以"长"有两个读音，一个读 zhǎng，一个读 cháng。

知识拓展

万里长城

秦统一六国后，为了防御北方的匈奴，把战国时期秦、赵、燕北方的长城连接起来，修建完成了西起临洮、东至辽东的万里长城。明朝对长城做了大规模的修缮。明长城西起嘉峪关，东到鸭绿江，横亘在中国北方的崇山峻岭之中，雄伟壮观，成为中国的重要象征之一。现在可以看到的长城，主要是明长城。

字形演变

甲

金

篆

隶

楷

字族链接

在"长"的旁边加一个"弓"，意思是把弓变长，而把弓变长就是拉开弓弦，准备射箭。所以，"张（張）"最初的含义就是拉开弓弦，后来，和拉开弓弦意思相近的情况，比如打开、展开、放大等，都可以用"张"字来表示。

044

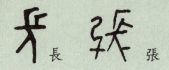
長　張

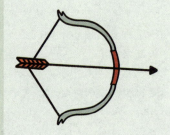

相关成语

老当益壮 老生常谈 老骥伏枥 老成持重

释字

　　"老"是指比"长"年龄还大的状态。虽然早期字形中，"长"和"老"都有长头发和拐杖，但"长"强调的是长头发，而"老"强调的是手拄拐杖（）。从金文开始，"老"手中的拐杖演化为"匕"，如""的字形。

知识拓展

中国的孝文化

　　中国的孝文化由来已久。孝的观念来自人类的感恩情结，原本出自人的天性，但在古代中国，孝道上升为社会重要的道德规范，并逐渐形成被全民族所接受的孝文化：比如成为儒家十三经之一的《孝经》，民间流传的闵子骞、曾子等圣贤的孝道故事，不同时代约定俗成的孝敬父母的规则等。

字形演变

甲

金

篆

隶

楷

字族链接

　　《说文解字》解释"老"为"考"，而解释"考"为"老"，所以这两个字互为转注字。"老"和"考"其实是同源字，都是一个老人手中拄着拐杖的字形，只是拐杖一个变成"匕"，一个变成"丂"，分成了"老""考"两个字。如果把拐杖变成"子"，那么，老人的依靠就由拐杖变成了子女，这个字就是"孝"字。

老　考　孝

释 字

人死了以后，变成了一具没有生命气息的尸体，古人用枯骨来代表这种状态。而对于逝去的亲人，活着的人需要一个接受的过程，在死者刚刚死去的时候，活着的人往往会守在死者的身边。"死"的造字，就是一个人守在枯骨"自（歺）"的旁边，写作"𣦵"。

知识拓展

中国史前时代葬式

中国史前时代的墓葬一般是土坑竖穴墓。墓葬中的尸骨最常见的是仰身直肢葬，也有屈肢葬。墓葬常常集中在一起，形成墓地，墓地多选在居住区不远处。夭折的儿童，有的用瓮棺葬，往往埋在房屋附近。新石器时代中晚期，墓葬随葬品的数量和品质差别越来越大，表现出墓主地位的差距，也表明等级社会正在形成。

字形演变

 甲   金   篆   隶   楷

字族链接

"死"字是由"歺"和"匕"构成，"歺"的字形起源于枯骨，代表着死亡；"匕"是"人"的变形，代表守在死者身边的人。"葬"字出现得比较晚，下面的"廾"象征两只手，中间的"死"代表死者，上面的"艹"（草）象征用草掩埋，或者坟上长出草，所以，"葬"的意思就是把死者埋起来。

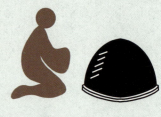

歺   死   葬

相关成语

鬼使神差　鬼斧神工　疑神疑鬼　神出鬼没

释字

古人认为人去世以后，就变成了鬼，所以鬼来自人，是人最终的归宿。那么"鬼"的字形最初表达的是什么含义呢？原来"鬼"字是一个人戴着面具的样子（🦴），这个戴着面具的人不是死者，而是为了祭祀死者戴着面具跳舞的人。

知识拓展

鬼的来历

古人认为，鬼是人脱离了肉身之后的另一种形态的存在。鬼虽然在另一个世界，但会对人的世界产生影响。为了祈求鬼给世间带来好处，活着的人扮成鬼的模样以求能与鬼相沟通。那么，鬼应该是什么样子呢？按照古人的认知，有一种丑陋的大猩猩似人又非人，古人就把鬼想象成它的模样，祭鬼的时候，就戴上这种面具起舞。

字形演变

甲　金　篆　隶　楷

文字小常识

俗体字

俗体字又叫俗字、俗写字，是古代区别于官方规范用字的民间用字，特点是对规范字有一定的简化，比如"無"写作"无"，"解"写作"觧"，"號"写作"号"，"萬"写作"万"，等等。有一些字开始是俗体字，但后来因为使用频率高，也变成了正字，比如"花"字起初可能是俗写的"華"，后来也变成了正字。而有些俗体字也可以视为异体字。

善女人和合諸善
一眾妙无上元典等
至无典等佛言若

047

释 字

　　"人"字有时候泛指男人和女人，有时候单指男人。那么，古人造字，怎样区别"人"和"女"呢？首先是四肢，"女"字上肢是两手交叉于胸前，下肢常见屈膝的跪姿，表达的是矜持和顺从；其次，也是重要的一点，就是"女"字夸张了胸部，比如甲骨文写作"ᄬ"。

知识拓展

女与坤道

　　《周易·系辞》说："乾道成男，坤道成女。"世界万事万物都有阴阳的属性，而乾是最典型的阳，坤是最典型的阴。乾道为阳为父为男，坤道为阴为母为女。因此，女性与坤道一致，坤道的特点是顺从安静、厚德载物。而对坤道的运用，是中国人独到的智慧，并没有性别的限制。

字形演变

 甲 金 篆 隶 楷

字族链接

　　古人对女性重要性的理解生成了许多有趣的字，比如家中有"女"为"安"（女人在房子里），无"女"为"妄"（"亡"是古代的"无"字）；而抓住女人为"妥"（"妥"的上面是一只手)，"妥"又是"绥"的本字，"绥"的引申含义就是安定。

安　妄　妥

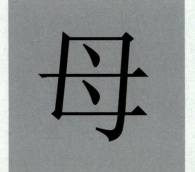

释 字

　　"母"字与"女"字相近。"母"字是在"女"字基础上，在突出的胸部上加了两个点，代表两个哺育婴儿的乳头，比如甲骨文写作"𫝀"。表示女人只有在成为母亲之后，才开启了乳房的功能，所以，"母"字最重要的标志就是两个乳头。

知识拓展

母系社会

　　母系社会是人类社会进化的一个重要时期。母系社会时期，男人主要负责狩猎，女人主要负责采集，而且在采集过程中探索驯化植物和动物，逐渐出现原始农业和家畜养殖。因为女人从事的生产活动是获得食物更稳定的途径，所以在氏族内，女人处于支配地位，由此形成母系社会。

字形演变

甲　金　篆　隶　楷

字族链接

　　"女"字在胸部加两点变成"母"字，如果把"母"字或者"女"字头上加上一个头饰是什么字呢？原来这个字就是"每"。女人或者母亲头上加头饰，就会变得更漂亮。所以，最初的"每"字是人美的意思。而"美"字，最早是指味美。

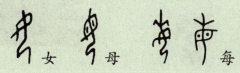
女　母　每

释字

女人头上加上装饰就是"每",意思是女人打扮得漂漂亮亮。那么,女人是用什么把自己打扮起来的呢?当然是用手。在"每"字旁边加一只手(),意思就是用手整理女人的头饰,把女人打扮得花枝招展。不过,"敏"字后来被借去当作敏捷的"敏"。

知识拓展

讷言敏行

讷言敏行也是一种中国式的智慧,出自《论语·里仁》,原话是:"君子欲讷于言而敏于行。""讷"是口齿不敏捷,与"敏"恰好相反。孔子教导我们:说话要慎重,不要根据自己的第一反应发表看法。表面上看起来有些木讷,但做事情一定要勤快敏捷,能够迅速觉察到能做什么,该做什么。这是一种君子的品格。

字形演变

甲

金

篆

隶

楷

字族链接

女人用手把自己打扮得花枝招展,其实表达的是繁缛的"繁"字的意义。"敏"是"繁"的本字,"敏"被借去当作敏捷的"敏"之后,又造了一个"繁"字,主要是指丝织品花纹的繁缛华丽,所以"繁"最初的含义是繁华美丽。

释字

"妻"字几乎与"敏"字同源。"妻"字的甲骨文和金文都很形象,如甲骨文字形"✋"是一只手在打理头发或者头饰。早起打理头发是妻子一天之内的第一件重要的事,"妻"的造字体现出浓浓的家庭生活气氛。从金文开始,打理头发的手已经插到头发里面去了。

知识拓展

臣妾的由来

奴隶社会的特点是一部分人有人身自由,一部分人没有人身自由,而没有人身自由的就是奴隶阶层。在中国古代,男性奴隶为臣,女性奴隶为妾。因为人俯首的时候眼睛看起来是竖着的,所以"臣"是竖着的眼睛;"妾"字表示的是受过刑的女性。后来,"臣""妾"逐渐变成了一种谦称,甚至成为一种常用的称谓。

字形演变

甲

金

篆

隶

楷

字族链接

妻是与丈夫地位相匹配的配偶,而妾的地位低于妻。为什么会低于妻呢?因为妾的本义来自有罪的女子。"妾"字是由"辛"字和"女"字构成。"辛"字的字形是一个小凿子的象形,这个小凿子是用来施黥刑的,也就是刺字的刑具。许多与"罪"有关的字加有"辛"字,所以"妾"字最早指女性奴隶。

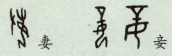

释 字

"姓"字由"女"和"生"构成，甲骨文写作""，最初的含义是以女人所生为谱系。所以，比较古老的姓常用"女"字旁，如姚、姬、姜、嬴、妫、姒等。以女方血缘关系为谱系，显然是母系社会的残留。

知识拓展

姓氏的由来

中国人现在所谓的姓，其实包括了古代的姓和氏。在古代，直到春秋战国时期，一般是女人称姓，男人称氏。比如女人的称谓是褒姒、赵姬、庄姜，男人的称谓是公孙侨、司马穰苴、商鞅等。女人称姓，应该是为了保障同姓不婚；男人称氏，可以表现出本人或者祖先的功业。现代社会早已姓氏不分。

字形演变

甲 金 篆 隶 楷

文字小常识

简牍

简牍是中国古代纸被广泛使用之前最重要的书写载体，从商周到三国，至少有一两千年的历史。简为长条形，多为竹简，中国古代的书籍通常是用竹简编连成册，然后卷成一卷，所以规模比较大的书籍被分为卷或者册，这个概念到现在还在使用。牍通常比简的面积大，多为木牍，一般用来写书信、公文之类。

释字

最早的"子"字主要有两个字形来源：一是突出头部，头囟上有直立的短发，如"𒉽"的字形；一是幼儿整体形象的简笔画，夸张的头部有方形、圆形、椭圆形和圆弧三角形等形状，上肢左右展开，下肢则并拢在一起，如"𣎴"的字形。后者逐渐演变为今天的"子"字。

知识拓展

天干与地支

子排在十二地支的第一位。天干地支是中国古代一种纪年月日时的方式，天干从甲开始，一共十个，分别是：甲乙丙丁戊己庚辛壬癸；地支从子开始，一共十二个，分别是：子丑寅卯辰巳午未申酉戌亥。天干与十日一旬有关，地支与一年十二个月有关。天干配地支，从甲子开始，到癸亥结束，六十为一个周期，称作一甲子。

字形演变

甲

金

篆

隶

楷

字族链接

"子"是一个幼儿的形象。从"子"的头上引出一道弧线，象征着吸吮过程中的乳汁，因为乳头有孔，所以这是"孔"字最初的字形，后来"子"和弧线分离，变成左右结构。"孙（孫）"字和"子"字也密切相关，"子"的旁边加个"系"字，象征着子孙的延续。

 子 孔  孙

053

好

释 字

　　女人和孩子生活在一起会是什么局面呢？女人和孩子代表了一个家庭的幸福，这个充满了幸福的字就是"好"。《说文解字》说："好，美也。"可见，自古以来，中国人就把"女"与"子"的搭配，视为美好生活的象征。

知识拓展

秦晋之好

　　春秋战国时期，为了取得更好的外围环境，诸侯国之间往往通过联姻结成联盟，其中最为出名的就是秦晋之好。秦穆公为了加强实力，与当时强大的晋国联姻，娶了晋献公的大女儿伯姬。后来，秦穆公又把自己的女儿嫁给晋国的公子重耳，并帮助他回到晋国成为国君，这就是历史上的"秦晋之好"。

字形演变

甲

金

篆

隶

楷

文字小常识

帛书

　　帛是中国古代除了简牍之外另外一种重要的书写载体，写在帛上的文字叫作帛书。在纸张被广泛使用之前，帛是最方便的书写载体，但帛非常珍贵，不像竹简那么常见和廉价，所以，帛书一般限于贵族使用，而且多是书写重要的内容。目前发现最早的帛书是长沙子弹库楚墓出土的楚帛书，而最出名的帛书则是马王堆汉墓出土的帛书。

释 字

从造字起源来看，"始"字和"姒"字同源，字形表达的是人生的开始。"𠃊（厶）"是胎儿的象形，"厶"或者再加个"口"字的"𠃊（台）"，是"胎"的本字，所以"始"字表达的是女人怀胎。因为生命是从胎儿的孕育开始的，由此产生了开始的含义。

知识拓展

始作俑者

"始作俑者"一词出自《孟子》。孟子为了批评梁惠王只顾自己享受，不顾百姓疾苦，借孔子的话说："始作俑者，其无后乎？"俑，是用来殉葬的陶俑、石俑等。周代废除商代残酷的人殉制度后，用草扎的人形来代替人殉，后来有人把草人改成了与人非常相像的人俑，这个首先使用人俑的人，遭到了孔子的严厉批评。

字形演变

 金　 金　 篆　 隶　 楷

字族链接

"始"字中的"台"字，是"胎"的本字，而"台"字不仅与"胎"字相关，而且与"厶""以""姒"等字也相关。早期"𠃊"的字形可以写成"厶"，也可以写成"以"；如果下面加个"口"的附件，则写成"台"；"台"和"女"组合，构成"始"字；"以"和"女"组合，构成"姒"字。

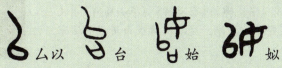

厶以　　台　　始　　姒

释字

把一个孩子抱在怀里，如""，或者背在后背，如""，这是父母带孩子的一种常见的情况，这个字就是"保"。后来，抱在怀里的字形被废弃，剩下背着孩子的字形：前面一个侧身弓背的大人，后面一个孩子，也就是"人"和"子"的组合。由于字形的变化，现在的"保"变成了"亻"和"呆"的组合。

知识拓展

天保九如

《诗经·小雅》中有一篇《天保》，这首诗中充满了祝福的语言，其中最为著名的是用了九个"如"字，分别是"如山如阜""如冈如陵""如川之方至""如月之恒""如日之升""如南山之寿""如松柏之茂"，表达了作者对君主的歌颂和祝福。这就是"天保九如"，其中一些祝福的语言今天仍然在使用。

字形演变

甲

金

篆

隶

楷

文字小常识

碑刻

碑刻是指中国古代刻在石碑上的文字或者图案。最早的碑刻是秦刻石，相传是由秦丞相李斯用秦代的小篆书写的。汉代以后的碑刻多为墓葬的附属品，碑本身成为丧葬文化的一部分。著名的汉碑有《张迁碑》《乙瑛碑》《华山庙碑》《礼器碑》《史晨碑》《曹全碑》等，这些汉碑成为历代书法家推崇的临摹范本。

释 字

"字"是文字的意思，这是我们熟知的，但最初"字"与文字没有任何关系。"字"的字形是一座房子里有一个小孩（字），意思是在房子中哺育婴儿。哺育婴儿的含义引申为繁殖、滋生，文字的特点就是逐渐滋生出来的，所以文字称作"字"。

知识拓展

一字千金

吕不韦是战国末期的一个富商，由于帮助秦庄襄王登上了秦国的王位，而成为秦国的丞相。为了提高自己的声望，他组织门客编写了一部《吕氏春秋》，全书二十多万字，在当时是一部巨著。书成之后，吕不韦把内容公布于咸阳城门旁边，并悬赏千金，许诺能改一字的人可以获得千金的赏赐。这就是"一字千金"的来历。

字形演变

 金
 金
 篆
 隶
 楷

文字小常识

摩崖刻石

摩崖刻石主要指摩刻在岩石上的文字。中国人历来有在名山大川的崖壁上摩刻文字的习俗，许多名山因为摩崖刻石的存在而成为自然和文化双遗产。五岳之尊的泰山就分布着数不胜数的摩崖刻石，其中泰山经石峪的《金刚经》被后人称为"榜书之宗"。

释 字

　　"学（學）"字比较规范的早期字形是金文（），上面有两只手，中间是交错的算筹，下面是一个"子"，意思是大人手把手教孩子使用算筹学计算。也就是说，最初的"學"，学的是"算术"，后来指所有的学习。

知识拓展

古代的六艺

　　在孔子的时代，学生学习的内容与现在不同，绝大多数都与当时的社会生存技能有关，分别为礼、乐、射、御、书、数，古人称作"六艺"。礼是社会秩序、行为规范；乐是音乐，有娱乐的音乐，也有礼乐；射是射箭，既是社交活动，也是军事训练；御是驾车技术；书是书写、阅读能力；数是数学能力。这些都是实用的本领。

📖 字形演变

字族链接

　　"学（學）"字和"教"字同源。古"教"字也是由交错的算筹、"子"和手三个要素组成，与"學"的区别是手从两只变成一只，从在上面变成了在侧面，从亲手演示变成了持棍督促。其实这个字形表达的也是学的原义。完整的"學"字，旁边增加表示督促的手持棍棒字形，这个字后来被写作"斅"字，不过现在已经不常用。

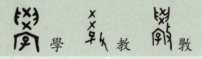

释字

"孚"的造字方法和"妥"字相像，"妥"是用手抓住一个女人，"孚"是用手抓住一个小孩（ ）。"孚"字还有一种理解，上面的"爪"字不是人的手，而是鸟的爪，整体字形的意思是鸟孵卵，孵化期满后，孵出了鸟之子也就是小雏鸟。由于鸟孵化的周期相对固定，所以引申出诚信的含义。

知识拓展

成王之孚

"成王之孚"出自《诗经·大雅》中的《下武》，诗中说："永言配命，成王之孚。成王之孚，下土之式。"意思是周成王继承了武王的事业，上应长久的天命，下孚百姓的众望，他的诚信成为众人的楷模。这首诗反映了西周初期的盛世景象。

字形演变

甲

金

篆

隶

楷

字族链接

"孚"字最早可以有两种理解：一是以手捕获小孩，所以"孚"是"俘"的本字；二是上面的"爪"指鸟爪，意思是母鸟伏在鸟卵上孵化小鸟，所以"孚"是"孵"的本字。"孚"字诚信的含义来自"孵"。

孚 俘

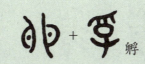

卵 + 孚 孵

释 字

古文中代表头部的字除了"天"和"元"之外，还有"首"字和"页"字。"首"的早期字形就是画了一个头，有人的头，也有其他动物的头（🐮），头上有头发、耳朵、眼睛、嘴巴，重点突出的是毛发和眼睛。

知识拓展

首出庶物

"首出庶物"出自《周易·乾卦》的《象传》，原文是："首出庶物，万国咸宁。"这里的首指乾卦代表的天、代表的开始。天是万物之始，有了天之后，才有了世间的万事万物。因为有了世间的万事万物，人类才得以生存，社会才得以安定。

字形演变

甲

金

篆

隶

楷

字族链接

"页"和"首"同义，和首相关的形声字多以"页"字为偏旁，比如顶、颠、颐、题、额等。从字形来看，"首"的象形只是头面的形象，而"页（頁）"字则是整体的人形，只是突出了上面的头面部。"须（須）"是在"页（頁）"（脸）上长出了胡须。

首

頁

须

释字

"目"的造字很简单，就是画一只眼睛，有眼睛的轮廓，有虹膜，有的有瞳孔，有的省略了瞳孔，很容易就可以看出是眼睛的象形（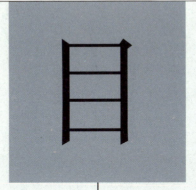）。篆字以后，为书写方便，把原来横向的眼睛竖了起来，变成今天的样子。

知识拓展

三省吾身

"三省吾身"是儒家的一种修行方式，来自《论语·学而》篇中曾子的话，原文是："吾日三省吾身，为人谋而不忠乎？与朋友交而不信乎？传不习乎？"意思是：我每天都会反复反省自己，为别人做事是不是出于真心？与朋友交往是不是有诚信？老师教给的学问有没有熟练掌握？

字形演变

 甲　 金　 篆　 隶　 楷

字族链接

眼睛的旁边有一棵树，这个字就是"相"，意思是一棵大树呈现在眼睛前面，大树又代表了所有可以观察的事物。眼睛上面如果有一棵草又是什么字呢？这个字或者写作"省"，或者写作"眚"。如果这棵草是眼睛观察的对象，这个字就是"省"，"省"是观察的意思；如果这棵草长在眼睛上，好像眼睛蒙上了草一样，这个字就是"眚"，"眚"是眼疾的意思。

 相　 省眚

061

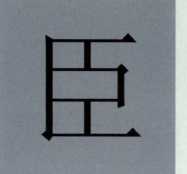

释字

"臣"最初也是一只眼睛，和"目"的字形一样，不同的是，"目"开始的时候是横向的眼睛，而"臣"字是竖向的眼睛（ ）。为什么"臣"字是竖向的眼睛呢？原来"臣"本来指奴隶，奴隶在主人面前要低着头，所以眼睛是竖的。后来这个字更多指君臣的"臣"。

知识拓展

君臣佐使

"君臣佐使"是一种中医组合用药的方式。这个方式借用了古代朝廷中君、臣、佐、使构成的体系，使中药发挥更完美的作用。君药起决定性作用，臣药起辅助和加强作用，佐药起调节作用，使药起引经或者调和各种药性的作用。各种药形成一个整体，可以提高疗效。这种整体思维模式，体现了中医的特点。

字形演变

甲 金 篆 隶 楷

字族链接

"临（臨）"中也有一个"臣"字，但这个"臣"字不是因为不敢仰视，而是因为地位在上，必须俯视。而这个俯视的人这一次观察的是"品"，"品"代表的是天下万物，所以"临"的含义是从上往下俯视万物。

 臨

释 字

"民"最初的含义也应该与奴隶有关，但比臣更为凄惨的是，"民"是被刺瞎一只眼睛的奴隶。甲骨文和金文都可以看出，"民"的字形是被锐物刺伤眼睛（👁），但今天的字形已经看不出眼睛了。后来的"民"字指的是平民百姓，已经与奴隶无关。

知识拓展

古代的民本思想

早在西周初期，中国已经萌生了民本思想。周朝在取代商朝的过程中，虽然强调了天命，但周的天命也代表了民意。春秋战国时期，以孟子为代表的儒家，正式提出"民为贵，社稷次之，君为轻"的主张，把百姓的利益放在第一位。这是中国古代朴素的民本思想的一种体现。

字形演变

甲

金

篆

隶

楷

文字小常识

古代书写方式

中国传统的书写工具是毛笔，竹简上、缣帛上的文字都是用毛笔书写的。比较古老的文字如甲骨文和金文，则多出更多的工序。甲骨文需要把文字用锐器刻画在甲骨上，以保证在烧灼之后仍然可以看到文字；金文以铸造文字为主，需要事先把文字摹刻在模范之上，然后通过翻铸成型，也有少量的铭文是在青铜器铸造完成之后刻上的。

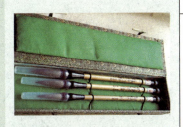

释 字

古人是怎样来表达直的概念的呢？古人的思路是从眼睛看出去，两点取一条直线。从金文看，从眼睛出来的一条线中间常常还加一个点，表达的正是这个含义。为了加强直的含义，金文还加了一个矩尺的象形，因为矩尺是用来画直线的。这就是"直"字的来历。

知识拓展

董狐直笔

中国古代的史官有不畏权贵、秉笔直书的传统，董狐直笔就是一个典型的例子。春秋时期，晋国的国君晋灵公昏庸无道，执政大臣赵盾被迫出逃。但在赵盾还没有逃出国境的时候，他的族弟赵穿杀了晋灵公。晋灵公被弑时，赵盾尚未出境，晋国的史官董狐按照常规，把这段历史记录为"赵盾弑其君"。

字形演变

字族链接

　　"德"字来源于"直"字。早期的"德"字有三种字形：一种是"彳"（简化的"行"）或"行"与"直"的组合，一种是"心"和"直"的组合，一种是"彳"、"心"和"直"的组合。我们可以分别解读为：行路直为德，直心为德，直心行路为德。所以后来"德"有悳、惪、德、德等字形。

释字

　　"见（見）"，就是用眼睛看，这是人的视觉系统对外部世界的感应。因为用眼睛观察世界的主体是人，所以"见"字是眼睛和人的组合。最早的"见"字（ ），就是一个人顶着一只大眼睛，其他的五官被省略。

知识拓展

季札观乐

　　春秋时期，吴国的公子季札在鲁国出席了一场"大型音乐会"。吴国为吴泰伯所建，而泰伯是周文王的伯父，所以季札作为泰伯的传人精通周礼；鲁国是周公的儿子伯禽所建，"周礼尽在鲁"。而这场大型礼乐正是按照周礼来举办的，季札在这里见识了真正的周朝礼乐，这就是著名的"季札观乐"。

字形演变

甲

金

篆

隶

楷

字族链接

　　"观（觀）"是"见"的近义词，正字由"雚"和"见"构成。"雚"的早期字形像一只瞪着大眼睛的鸟，其实是"鹳"的本字。"觀"的意思是像鹳一样观察。与"见"字有关的另外一个字是"艮"字，把"见"字下面的"人"反过来写，就是"艮"字，所以"艮"最初的含义是停下脚步回头看，在《周易》当中，"艮"的意象之一就是"止"。

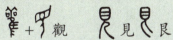

释 字

"贤（賢）"和眼睛有关。"贤（賢）"最基本的含义是"多才"，那么"多才"是怎样体现的呢？原来是用一只手抓住"臣"和"贝"（臤）。"臣"是竖着的眼睛，最早指奴隶，也就是上古时期抢来的俘虏；"贝"则象征财富。在战争中能够获得俘虏和财物的就是多才的人，也就是贤人。

贤
賢

知识拓展

竹林七贤

　　魏晋时期有阮籍、嵇康、山涛、刘伶、阮咸、向秀、王戎七位名士。这七个人是当时玄学的代表人物，他们精通老庄之学，远离政治，主张清静无为，性格桀骜不驯，不拘礼法。因为七个人经常聚集在竹林高谈阔论、饮酒纵歌，所以被后世称作"竹林七贤"。

字形演变

金

金

篆

隶

楷

文字小常识

文房四宝

　　文房四宝是指与书写或者绘画有关的用具，可以专指笔墨纸砚，也可以泛指所有相关的用具。之所以称之为"宝"，表达的是文人对这些用具的珍惜之情。而笔墨纸砚各有名产，以砚为例，古代有四大名砚，分别是端砚、歙砚、洮砚、澄泥砚。好的文房四宝，也是历代文人的收藏品。

释字

"耳"和"目"一样都是象形字。甲骨文和金文都是一只耳朵的简笔画，如""和"﹎"，有左耳也有右耳，后来固定为右耳，而且上面的一横被拉长，耳根的竖线条也被拉长，逐渐变成了今天的字形。

知识拓展

孔子闻韶

孔子不仅是一位教育家和思想家，而且还是一位音乐家。古代有各个时代的礼乐，其中的韶乐据说是大舜时期的礼乐。孔子曾经比较过韶乐和周武王时期的武乐，孔子认为武乐尽美但不尽善，而韶乐尽善尽美。有一次，他在齐国听到正宗的韶乐，因为沉醉在美妙的音乐之中，好长时间吃肉都不知道味道。

字形演变

 甲
 金
 篆
 隶
 楷

字族链接

"见"是一个人顶着一只大眼睛，突出用眼睛看的含义；"闻（聞）"最初也是一个人顶着一只大耳朵，突出用耳朵听的含义。但后来这个古字形没有被继承下来，而是换了一个"耳"和"门"的组合，意思是耳像门一样听取外界的声音。

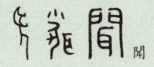 聞

释 字

"取"最初的含义是取耳朵，所以"取"的字形就是一只手去取一只耳朵（🖐）。为什么要取耳朵呢？因为在古代战争中，士兵在杀死或者俘获对方的士兵之后，很重要的一件事，就是取下对方的耳朵，用来记功。可见古代的战争非常残酷。

知识拓展

以貌取人

孔子也曾经犯过以貌取人的错误。孔子有一个弟子叫澹台灭明，字子羽。这个人长相丑陋，孔子因此不喜欢他。但澹台灭明并没有因为老师的厌恶而放松学习和修行，后来成为有口皆碑的道德楷模。孔子为此做了深刻的反省，并感叹说："以貌取人，失之子羽。"

字形演变

甲

金

篆

隶

楷

文字小常识

《说文解字》

《说文解字》是东汉许慎编撰的第一部汉字字典。原文以当时的小篆为正字，系统地分析了每个汉字的读音、结构、字义以及来源和字形演变。全书共分五百多个部首，所收汉字有一万个左右。《说文解字》是中国古代文字学的奠基之作，开启了中国古代字书的先河。

释字

"听（聽）"和"闻"含义相近，早期字形不同，"闻"突出了耳朵，"聽"除了耳朵之外，还有"口"字，强调了口耳相传（）。"闻"听到的可以是自然界的声音，也可以是人的声音；而"聽"的声音来自口，因此听到的应该是人的声音。

聽

知识拓展

非礼勿听

　　颜回向他的老师孔子请教"克己复礼"的具体做法，孔子提出了四条："非礼勿视，非礼勿听，非礼勿言，非礼勿动。"孔子认为，礼是仁的表现方式，包括内在的道德和外在的规则，只要不符合道德和社会规则的事，就不要看、不要听、不要说、不要做。这是做人最基本的修养。

字形演变

甲　金　篆　隶　楷

字族链接

　　"圣（聖）"的起源差不多是"闻"和"聽"的合体，"闻"是一个人顶着一只大耳朵，"聽"是有口有耳，而"圣（聖）"的甲骨文字形是有人有口有耳。这个古老的字形意味着口耳之间没有障碍的人，也就是完全听得明白的人。后来字形当中的"人"变成站在土地上的人，也就是"壬"字，"口""耳""壬"组合在一起，就是今天的"聖"字。

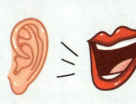
聖

释字

聲

"声（聲）"字来源于"磬"。"磬"是古代一种重要的打击乐器，"磬"的本字"殸（殸）"字形表达的是一只手拿着一只槌敲打悬挂起来的石磬，如果再加上耳朵，意思就是耳朵听见磬发出的声音（ ），这个字就是"声（聲）"。

知识拓展

金声玉振

在曲阜孔庙前，有一座著名的"金声玉振坊"。那么"金声玉振"来自哪里呢？原来是来自《孟子》。孟子在《万章》篇中盛赞孔子思想集古今圣贤之大成，就像金声玉振一样完美无缺。金声是说编钟，玉振是说编磬。古代演奏大型礼乐时，从编钟开始，到编磬结束，那么从金声到玉振，就完成了一场完美的演奏。

字形演变

甲

金

篆

隶

楷

字族链接

"磬"与"聲"的字形都来源于"殸"，而"殸"本来就是用槌击打石磬的会意字。后来，为了区别"磬"与"聲"，"殸"字中虽然本来有石磬的象形，但在"磬"的含义上又在下面多加了一个"石"字，而在"聲"的含义上则加一个"耳"字。

殸 磬

释 字

　　"自"是象形字，起初就是画一个鼻子（ᗜ），有鼻梁和鼻孔。直到现在，人经常用指着自己鼻子的方式指代自我，所以鼻子形状的"自"字被借走当作自己的"自"字，而鼻子的含义只好再创一个形声字"鼻"。

知识拓展

古代鼻子的称谓

　　古代鼻子最常见的别称是"准"。因为鼻子在面部的中间，可以作为五官位置的基准。另外自己是认知所有事物的开始，而鼻子是自己的开始，所以以鼻子为准。比如"隆准"是说高鼻子；"方准"是说方鼻子。《史记》在描述秦始皇的长相时，说他鼻子的特点是"蜂准"，一般也解释为高鼻子。

字形演变

 甲 金  篆 隶  楷

字族链接

　　鼻子的本字是"自"，"自"被借走以后，在"自"的下面加了一个声符"畀"，组成了"鼻"字，"自"和"鼻"两个字就分开了。鼻子是用来呼吸的，鼻子呼出来了的气就是鼻息，所以最早的"息"字就是鼻子下面有出气的样子。有鼻息就是有生命迹象，所以，"息"最早的含义是活着、生存。

 自  鼻 息

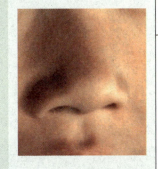

臭

释 字

　　画一只鼻子画一条狗（），这就是"臭"字，鼻子是"自"，狗是"犬"，直到今天的"臭"字仍然是这个字形。因为狗有到处嗅的习性，所以用狗和鼻子表示狗在用鼻子闻气味，由此产生了嗅气味的含义。所以，最初的"臭"字，是"嗅"的意思。

知识拓展

孔子的八不食

　　"臭恶不食"出自《论语》。《论语·乡党》篇讲到吃饭的规矩，提出几种禁忌，后人总结为"八不食"：一，鱼馁而肉败不食；二，色恶不食；三，臭恶不食；四，失饪不食；五，不时不食；六，割不正不食；七，不得其酱不食；八，沽酒市脯不食。其中的"臭恶不食"，说的是气味不良不要吃。

字形演变

甲　金　篆　隶　楷

字族链接

　　"臭"字的本义是"嗅"，"臭"被借走表示不良气味，也就是腐臭的"臭"字以后，为了表达嗅气味的含义，加了一个"鼻"，新创了一个"齅"字，重复表达用鼻子闻气味。后来这个字又做了简化，把"鼻"换成"口"，变成了"嗅"字。

臭　齅　嗅

释 字

"口"的字形非常简单，最初就是画了一个张开的嘴，所以"口"是嘴的意思。"口"作为一个构字的部件，自古以来就很常用，在这些组成的字当中，"口"字有的与嘴有关，有的与嘴无关。最早的"口"字都有向上开的嘴角（凵），但今天的字形已经看不出嘴角。

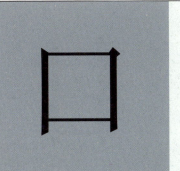

知识拓展

三缄其口

据说孔子带领他的弟子到周的都城游学，在周的太祖庙台阶前面见到一个铜人像，奇怪的是这个铜人嘴巴被封了三重，也就是"三缄其口"。孔子和他的弟子找到了铜人背后的铭文，铭文的内容是告诫世人要"慎言"，意思是话说多了，就容易惹麻烦。所以"慎言"是一种美好的品质。

字形演变

甲　金　篆　隶　楷

字族链接

早期的 "曰"字是"口"的上面有一个小短横，这个小短横应该是象征嘴里发出的声音，所以"曰"就是说话。后来小短横拉长，变成了和"日"相像的字形，只是"日"字竖长，"曰"字横扁。

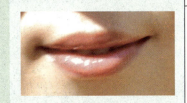

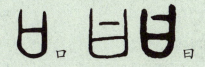
口　曰

释 字

　　"甘"的早期字形跟"日"字相像。"日"是"口"的上面加一个小短横，"甘"是在"口"中加一个小短横（日），表达的是口中含一块饴糖之类的食物，所以"甘"是甜的意思。后来，为了避免与"日"字混淆，上面的横两边出头，变成了现在的字形。

知识拓展

甘井先竭

　　"甘井先竭"出自《庄子》。《庄子·山木》中有一段关于孔子的故事，说的是当年孔子困在陈蔡之间，好几天吃不上饭。这时候有一个叫太公任的老先生来见孔子，向孔子说了一番"直木先伐，甘井先竭"的道理。意思是成材的树木会先被砍伐，好喝的井水会先被打光。所以，不过度追求完美，才是生存之道。

字形演变

字族链接

　　"旨"的本义是美味。上面是"匕"，下面是"甘"，"匕"就是"匙"，也就是羹匙，所以"旨"字的含义是把甘美的食品、饮品用羹匙送入口中品味。后来的字形，上面的"匕"字仍然可以看出来源，下面的"甘"字则简化为"日"。

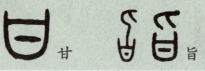

释 字

"香"与"臭"是相反的气味，从造字来看，"香"字最初是指禾香，也就是庄稼的香气、米的香气。早期的字形有的是由"黍"与"口"或者"甘"构成（⟨香⟩），表达的是黍米的香气。黍米有一种特殊的香气，而且是酿酒的好原料。现在的字形下面的"曰"是从"甘"演变而来的。

知识拓展

香文化的由来

中国自古有钟爱香气的习俗，上古时期多以香草为原料，盛行佩香或熏香。汉代以后，由于丝绸之路的开辟，丰富了香料的品种，从考古出土的形式繁多的熏炉来看，熏香已经非常普遍。唐宋以后，由于道教、佛教的推波助澜，民间燃香、熏香的习俗更加兴盛，形成了影响深远的中国香文化。

字形演变

甲

金

篆

隶

楷

文字小常识

《尔雅》

《尔雅》是中国辞书的鼻祖、中国最古老的辞典。书中收条目2000多个，共分为19篇。"尔"就是"迩"，近的意思；"雅"是正、规范的意思。"尔雅"的意思是接近规范语言的解读。它是中国古代阅读经典的一部工具书。因为其重要性，后来被列为儒家的十三经之一。

释字

最早的"舌"字中的舌从口中伸出，不过伸出口的舌端有分叉（🌱），看起来不像人舌，而应该是蛇、蜥蜴等爬行类动物的歧舌，也有可能是表示一种舔舐过程中的动态的舌。后来"口"字上面这个带分叉的舌形，逐渐演变为"千"字。

知识拓展

五味

五味表示各种滋味，主要是指舌头品尝的味道。五味既可以泛指各种味道，也可以具体指酸、甜（甘）、苦、辣（辛）、咸五种味道。五味更多的是一种中医概念，中医认为不同的味道入不同的经，不同的味道对应不同的季节。比如：酸对肝（春），苦对心（夏），甘对脾（长夏），辛对肺（秋），咸对肾（冬）。

字形演变

 甲 金 篆 隶 楷

字族链接

"甜"和"恬"都是后起字，表面看起来都有"舌"字，其实都与"甘"字有关。"甜"就是"甘"的意思，加上"舌"，强调用舌头品味出的甘甜。而"恬"字来源于"甜"，是心里面觉着甜的意思，字形右边的"舌"字，其实是省略的"甜"字。

释字

"言"字从早期字形看，可以理解为"辛"和"口"的组合，"辛"是刑具，所以"言"在古文中有怪罪的意思；"言"还可以理解为"舌"和"上"的组合（），"上（二）"是上面一个短横、下面一个长横，把这个字形摆在"舌"字上面就变成了"言"字，意思是舌上发出的声音。

知识拓展

什么是语言

通俗地说，语言就是人类通过发声来进行沟通的工具。古今中外有数不清的语言系统，一个民族或者一个地域有相同或相近的语言体系，由此可以进行有效的沟通。但在"语言"这个词汇当中，最初"语"和"言"有一定的区别。《说文解字》说："直言曰言，论难曰语。"意思是：张开口说话就是言，把一件事情说清楚就是语。

字形演变

甲

金

篆

隶

楷

字族链接

"言"都是人说出来的，那么，人说出来的"言"有什么特点呢？古人认为这个特点就是"信"。"信"由"人"和"言"构成，可见造字意图是人言为信。那么怎么来理解"人言为信"呢？最初的意思应该是说，人说出来的话就是表达一种信息，所以"信"是信息的意思。但后来"信"上升为诚信，也就是说这是一种可靠的信息。

言　信

释 字

　　"言"字来源于"舌"字，"音"字又与"言"字同源，后来在下面的"口"中加一点或加一小横，如金文"🜔"，由此与"言"变成了两个不同的字，专用于表达声音的"音"。现在的"音"字，上面的"辛"变形为"立"。

知识拓展

五音

　　五音既可以泛指所有的音律，也可以专指宫商角徵羽，相当于现代简谱的1、2、3、5、6。《礼记·乐记》中说："宫为君，商为臣，角为民，徵为事，羽为物。"而五音和五行的对应是：宫对土，商对金，角对木，徵对火，羽对水。这些对应关系，体现了中国古代把宇宙中所有事物放在一个整体当中来考量的思维模式。

字形演变

甲　金　篆　隶　楷

字 族 链 接

　　由"音"和"戈"构成的"戠"字，是"（帜）幟"和"识（識）"等字的本字。"戈"代表军队，不同的队伍发出不同的声音，所以"戠"表示不同队伍互相区别的标识。"戠"表达的是听觉的区别，而旗帜的"（帜）幟"表达的是视觉的区别；"识（識）"加了"言"字之后，强调了通过声音的标志显示出的不同。

释 字

古人发明"心"字，不知道是否参考了心脏的实物，有趣的是，甲骨文中的"心"字（♡）和现在美术图案"❤"形非常相像。不过金文的"心"字更像实物的心。但现在"心"的字形已经完全看不出原来象形的痕迹了。

知识拓展

人心惟危，道心惟微

"人心惟危，道心惟微"出自《尚书·大禹谟》，原文是："人心惟危，道心惟微，惟精惟一，允执厥中。"这句话常被后人引用。古人认为，人有心，道也有心，人和道从根本上说是一体的，或者说人心来源于道心。分开来说，人心的特点是就像处在悬崖上，管理不好，很容易坠落下来；道心的特点是微妙不显著。

字形演变

字族链接

"念"字上"今"下"心"。"今"的字形是张开的嘴和正在动的舌，意思是说话。"今"和"心"加在一起，意思是说出心中的话。但现在的"念"字更倾向于心理活动。"思"字是上"囟"下"心"。"囟"是脑囟的象形，多用于与脑相关的字。古人认为思是发自于心，运行于大脑。

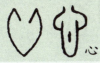 心 念 囟 思

释字

"肉"的造字就是切好的一块肉（⺼），但这块切好的肉形和"月"的字形很相近，后来为了区别，出现了"肉"和"月"不同的字形，"月"专指月亮。尽管如此，"肉"字作为偏旁使用时，仍然写成"月"，比如：脑、脸、胸、臂、腹等。

知识拓展

颍考叔舍肉

春秋时期，郑庄公因为母亲支持弟弟密谋政变，心生怨恨，把母亲迁出城，发誓："不及黄泉，无相见也。"颍考叔听说后，来见郑庄公。郑庄公赐食给他，结果他舍肉不吃。郑庄公问他原因，他说想带回家孝敬母亲。郑庄公因此想念起自己的母亲。颍考叔趁机献计说：只要挖一个深到黄泉的隧道，就可以母子相见了。

字形演变

甲

简

篆

隶

楷

字族链接

一块肉是"肉"字，那么两块肉是什么字呢？这个字就是"多"字。两块肉摆在一起，表示有很多肉，所以含义为多。两块肉如果摆在祭祀用的方盘里，这个字就是"俎"字，"俎"是这个方盘的名字。"宜"字也起源于这个字形，只是后来加了一个房顶，变成了"宜"字。

释 字

"手"字虽然是象形字，但我们能见到的最早的字形已经有些抽象。金文的"ψ（手）"字虽然仍可看出五个手指，但分成了两层，和实际手指的分布差别很大，看起来与原始的"毛"字很相像。现在的字形为了将两者区别开来，"手"的钩向左，"毛"的钩向右。

知识拓展

手指的称谓

中国有多种关于手指的称谓。通常情况下，我们把从大指到小指称作：大拇指、食指、中指、无名指和小指。除此之外，五指还有其他的称谓，比如：大拇指又叫巨指、擘指，食指又叫人指、盐指，中指又叫将指、长指，无名指又叫药指，小指又叫尾指、季指。

字形演变

字族链接

"手"字在构字时，常常简化为"又"。"又"是简化为三指的手形，而在这个简化的手形腕部离手一寸的地方画一个横，表示"寸口"的位置，也就是中医把脉的"寸关尺"的"寸"。在形声字不断出现之后，一部分字形当中的"手"也简化为"寸"，比如"寺""射""尊"等。

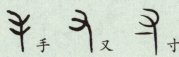

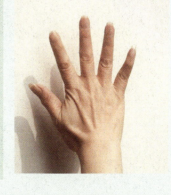

释字

"又"其实是"手"字的简化版，用三指来代表五指（彐）。"又"的朝向起初不是很固定，向左向右都有，而以右手为主，后来固定为右手。作为偏旁使用时，有的简化为"又"，有的简化为"寸"，如果持物，则简化为"攵""支"等字形。

知识拓展

损之又损

"损之又损"是老子式智慧。《老子》说："为学日益，为道日损。损之又损，以至于无为，无为而无不为。"意思是说：学习学问要日积月累，越多越好。修道正好相反，要让自己的主观意志越少越好，每天减一点，每天减一点，一直减到对外在事物不加主观干涉，做什么事情就都很容易了。

字形演变

甲

金

篆

隶

楷

字族链接

简化为三指的手形或者向左，或者向右，表达的原本都是"手"的含义，后来两个字形有了分工，用左手来表示"左"，用右手来表示"右"。而在规范字形的时候，"右"字下面加了一个附件"口"，相应地，"左"字下面加了一个附件"工"，这样"左""右"两个字就很容易区分了。

释 字

"有"的字形从"又"而来，比"又"更早的是甲骨文中"屮"的字形。"屮""又""有"在有的含义上相同。"屮（屮）"或许是牛头的象形，"彐（又）"是一只空着的右手，"彐（有）"是手中拿着一块肉，所以"有"的字形表达的含义最完整。

知识拓展

有生于无

中国古代对于物质世界的生成，普遍有一种"有生于无"的观念。比如《老子》说："天下万物生于有，有生于无。"比如《周易·系辞》说："易有太极，是生两仪，两仪生四象，四象生八卦。""易"是无，"有太极"是有，"生两仪"是阴阳出现，由此形成了从无到有、从有到万物化生的过程。

字形演变

甲

金

篆

隶

楷

文字小常识

《释名》

《释名》是专门解释各种名词的工具书，作者是东汉末年的刘熙。全书八卷，共分为天、地、山、水、丘、道、州国、形体、姿容、长幼、亲属、言语、饮食、彩帛、首饰、衣服、宫室、床帐、书契、典艺、用器、乐器、兵、车、船、疾病、丧制二十七篇，涉及古代生活的方方面面。

「釋名匯校」

083

释字

"友"是两只手放在一起，而且是方向相同，表达的是两个人向一个方向用力，也就是同心协力。两只手的手形是简化的两个"又"字，最初的两只手或者左右排列，或者上下排列，但表达的含义是一样的。

知识拓展

"朋友"一词的来历

"朋友"一词自古就有连用的例子，但"朋"和"友"从造字角度来说有所不同。"朋"是两串贝连在一起，引申出来的含义是同类成串，所以古人说"同门为朋"；"友"是两只手向同一方向发力，意思是两个人的意图一致，所以古人说"同志为友"，也就是说有相同志趣的人称作"友"。

字形演变

甲

金

篆

隶

楷

文字小常识

《康熙字典》

《康熙字典》是清朝康熙年间由张玉书、陈廷敬等三十多位著名学者奉康熙皇帝圣旨编撰的字典。全书采用部首检字和笔画检字方法，共分十二集，收录汉字四万七千多个，是收录汉字最多的古代字典，也是中国第一部以字典命名的汉字辞书。因为有较为方便的检索功能，所以是一部名副其实的汉字工具书。

释字

　　"受"字也是两只手之间产生联系。早期的字形是一只手在上，一只手在下，中间有一个"舟"字（♯），意思是有一件东西，上面那只手授予，下面这只手接受。不过，两只手之间传递的不太可能是一条船，其实"舟"字在这里代表的是一个盘子。

知识拓展

授受不亲

　　《孟子·离娄上》中说：有一个叫淳于髡的人刁难孟子，问他既然按照周礼男女"授受不亲"，也就是说递东西的时候异性之间不能有手的接触，那么，如果嫂子掉到河里伸不伸手？孟子回答说，如果不伸手，那就是畜生。平时"授受不亲"是礼，紧急情况下救人是灵活掌握。当生命与礼法冲突的时候，生命大于礼法。

字形演变

甲　　金　　篆　　隶　　楷

字族链接

　　"爱"字与"受"字最初的字形相近，"受"字两手之间是一个"舟"字，也就是一个盘子，而"爱"字两手之间是一根绳子或者一根棍子，意思是一只手通过一根绳或者一根木棍牵引另一只手，所以"爱"字最初的含义是"援"。

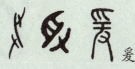

爱　　援

释字

双手捧酒是"尊"字（尊），双手捧鼎是"具"字（具），双手捧人就是"承"字（承）。不过，"承"字双手捧的人是一个跪着的人，这个人是献给神灵或者祖先的祭祀品，所以"承"字最初的含义是把人牲举起来献给祭主。

知识拓展

起承转合

"起承转合"是中国古代文学艺术创造的一种方式，从音乐到诗歌、文章都会用到。"起"就是开头，为全篇定下基调；"承"就是承接、展开；"转"是通过转折而产生跌宕起伏的艺术效果；"合"就是展现主题，为全篇收尾。这种创造手段同样适用于现代的文学艺术作品。

字形演变

甲

金

篆

隶

楷

字族链接

"丞"在造字时两只手的方向与"承"字相反，"承"是两只手将一个人向上托举，而"丞"是两只手把一个人从坑陷中拯救出来，所以，"丞"字表达的是拯救的"拯"。但"承""丞"两个字因为字形相近经常通用，比如丞相的"丞"使用的是"承"的含义。

丞

释 字

　　"同"字来自"凡"。"凡"字就像一个脱坯子的范，而"同"字就是在"凡"的下面加一个"口"字（），这个"口"字表示范脱出来的成品。因为同一个范脱出来的产品形状一样，所以有相同的含义。

知识拓展

大同世界

　　在《礼记·礼运》中，孔子描述了一个美好世界，这个世界的特点是：大道畅行，天下为公。贤能的人受到重用，所有人和谐相处，平等博爱，弱势群体受到照顾，社会秩序井然，人人都愿意出力，但不谋求私利。因为没有盗贼，所以连房门也不需要上锁。这个世界就是"大同世界"。

字形演变

 甲　 金　 篆　 隶　 楷

字族链接

　　"凡""同""兴（興）"三个字相互关联。"凡"是制坯的范，"同"是同一个范脱出的产品，而"興"是两个人四只手把范（凡）抬起来。范抬起来以后，就完成了脱坯，一个产品就制成了，这个制作过程的完成以及向上抬起的动作包含了兴起的含义。

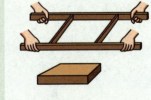

凡　　同　　興

与

释字

"与（與）"的正字竟然是由六只手组成。我们以金文"𦥑"为例，中间其实是上下两只手勾在一起，两只勾连的手旁边各有一只手，下面还有两只手，下面的"口"字是没有意义的附件，篆字以后，这个"口"字就被废弃了，只剩下六只手。

与
與

知识拓展

与民同乐

有一次，孟子问齐王：如果欣赏音乐，是一个人欣赏快乐，还是与他人一起欣赏快乐？齐王说：当然是与他人一起欣赏快乐。孟子又问：一起欣赏的人是多了好，还是少了好？齐王说：当然是多了好。孟子于是把欣赏音乐的道理进一步扩大，推导出与民同乐才是最大的快乐。

字形演变

 金　 简　 篆　 隶　 楷

字族链接

笔画简单的"与"字是两只互相勾连的手；周围再加上四只手就是"與"字；"與"字其实也是"举（舉）"的本字，但篆字以后在"與"字下面又加了一只手，由此变成了"舉"字，"舉"字成为七只手组成的字形。"与""與""舉"就形成了手的数量不断叠加的三个字形。

与　與　舉

释 字

"及"是前面一个人在跑,后面有一只手一下子抓到了这个人的腿,意思是追上了这个人,或者逮住了这个人,甲骨文写作"𝄐"。所以,《说文解字》解释"及"为"逮"。追上了就叫"及",追不上就叫"不及"。

知识拓展

过犹不及

"过犹不及"出自《论语·先进》。子贡请老师孔子评价他的两个师兄弟子张和子夏谁更贤能,孔子的回答是:子张有点过了,子夏还差一点。一个是"过",一个是"不及"。子贡以为"过"的好一点,但孔子的结论是"过犹不及",也就是说"过"和"不及"一样,没有优劣之分。只有在"过"和"不及"之间才是恰当的。

字形演变

甲

金

篆

隶

楷

字族链接

《说文解字》解释"及"为"逮",解释"隶"和"逮"都是"及",因此,"及""隶""逮"三个字字义相近。"及"是一只手抓到前面那个人的腿,"隶"是抓到尾巴,人没有尾巴,所以这里抓到的应该是动物,然后从抓到动物引申为抓到身份低贱的人,也就是奴隶。"逮"是在"隶"的基础上加了表示路的"彳"和表示脚的"止",强调是在跑的过程中抓到的。

及　　隶　　逮

释字

"印（ ）"是用一只手把一个人正面按在那里，意思是从上往下压。那个被压住的人被迫跪着。从施压人的角度，产生下压的含义，也就是压抑的"抑"。由于钤印也有下压的动作，所以引申为印章的"印"。

知识拓展

心心相印的来历

"心心相印"来自中国禅宗的"以心印心"。禅宗传法，讲究不立文字，即不是通过说教达到证悟，而是通过某些契机，从心灵层面去体悟。老师所感悟的境界，如果徒弟在内心有相同的感悟，就像老师的境界印到了徒弟的内心，所以就把这种传法方式叫作"以心印心"或者"心心相印"。

字形演变

甲 金 篆 隶 楷

字族链接

"印"的字形是一只手把一个人压在下面，所以这个字形也是压抑的"抑"的本字。而被压在下面的人如果看人就需要仰视，所以，这个字形也是"仰"的本字。另外，从人的正面往下压是"抑"，从人的后面往下压是什么字？这个字就是"艮"，其实就是"服"的本字，是制服、降服的意思。"服"字是在"艮"的左边多了一个"舟"（盘子）字，意思是把这个降服的人放在盘子里作为祭品用。

印（抑） 艮 服

释字

"秉"最初是指打成捆的庄稼。最早的字形是一只手拿着代表成熟庄稼的"禾"（），现在的字形仍然可以看出是由一只横手与"禾"构成。这个字形既可以理解为以手把禾打成捆，也就是"禾束"的含义；也可以理解为以手持禾，引申出秉持的含义。

知识拓展

秉烛达旦

"秉烛达旦"是《三国演义》中的故事。曹操攻打徐州之后，刘备、关羽、张飞三兄弟被打散，关羽独自在下邳保护刘备的家眷。后来关羽被围土山，在张辽的劝说下暂时投降了曹操。曹操为了挑拨关羽和刘备的关系，故意把关羽和刘备的两位夫人安排在一间屋子里，关羽居然手持灯烛站到屋子外面一直到天亮，这就是"秉烛达旦"。

字形演变

 甲 金 篆 隶 楷

字族链接

手持一禾是"秉"，那么手持两禾是什么字呢？这个字就是"兼"，也就是说多持一禾为"兼"。多得一禾就是兼得，所以"兼"的含义就是不止一个，比如"兼任""兼顾""兼备""兼容"等。

 兼

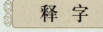
释字

"止"字最初的含义是脚，所以，早期的字形就是画了一只脚，有脚跟、脚掌和脚趾，像一个脚踩出的模印，是"趾"的本字（🐾）。为了书写方便，与"手"的变形一样，"止"字也从五趾简化为三趾（🐾），逐渐演变为"止"的字形。

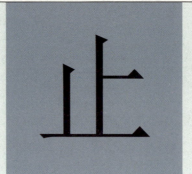

知识拓展

止观和观止

止观和观止是完全不同的两个概念。止观是佛教修行的一种方式，止是止住杂念，观是观想，止强调的是定，观强调的是生出佛教所说的特有的智慧。观止来自《左传》，字面的意思是看到这里就可以不再往下看了，就可以停止了，其实是赞美所看到的事物已经达到最高境界，到此为止即可。

字形演变

金　金　篆　隶　楷

字族链接

"止"的本义是脚，主要是指带脚趾部分的脚部。但"止"字最常用的是停止的"止"的含义，脚站的位置就是停止在那里的位置。"止"字既然被借走，再用什么字形表示脚呢？原来还有一个字形，不仅有脚趾，而且还有膝盖，这个字就是"足"，上面的"口"代表的就是膝盖。因此"足"最初指的是膝盖以下到脚趾部分，后来也可以专指脚的部分。

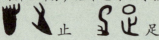止　足

释 字

一只脚是"止"，两只脚又是什么字呢？这个字就是"步"，如"""等字形。一只脚表达的是停止，两只脚表达的是什么呢？原来两只脚表达的是左右脚交替前行。所以，"步"的造字含义就是行走。

知识拓展

亦步亦趋

"亦步亦趋"出自《庄子·田子方》，是颜回对老师说的一段话，意思是：老师慢走我也慢走，老师快走我也快走，老师跑起来我也跑起来；可是如果老师速度太快，我就只能干瞪眼了。慢走为"步"，快走为"趋"，所以是"亦步亦趋"。"亦步亦趋"表达的意思是，只是表面的模仿，而没有学到真功夫。

字形演变

 金　 金　 篆　 隶　 楷

字族链接

和"步"相关的表示前行的字还有"走"和"奔"，"走"比"步"的速度快，"奔"比"走"的速度快。那么，古人是如何表现出这三个字不同速度的区别呢？"步"是两只脚着地；"走"是上面一个奔跑的人，由于人在奔跑状态下不会两只脚同时着地，所以人的下面只剩下一只脚；"奔"也是上面一个奔跑的人，但下面变成了三只脚，所以"奔"最初是指许多人在跑。

步　走　奔

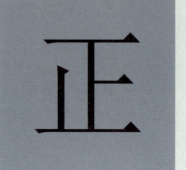

释 字

"正（𠯑）"是"征"的本字，画一个方框或者圆圈，后来改为一道横杠，表示一个地方，这个地方是"征"的目的地，下面有一只脚；表示行走，整个字形的意思是向一个目的地进发。因为有目的地的进发不会偏斜，所以产生了端正的"正"的含义。

知识拓展

正朔

"正朔"是中国古代一个重要的概念。"正"是正月，一年的第一个月；"朔"是初一，一个月的第一天。所以，"正朔"的本义是新年的第一天。夏商周三代的正朔不同，比如夏历以冬至后两个月为正月，周历以冬至所在的当月为正月。用哪一种历法都是由王或者朝廷决定，所以，"正朔"也成为政权的象征。

字形演变

甲

金

篆

隶

楷

字族链接

"正"的本义就是出征的"征"，后来"正"多用于端正的"正"等含义。为了增强出征走在路上的含义，又在旁边加了一个表示道路的"彳"，就变成了"征"字。而在端正的"正"的含义上，还有一个"政"字。"政"是在"正"的旁边加一只持杖的手，表示监督、修正，以免方向不正。

正　征　政

释 字

"降"由"阝"和"夅"构成。"夅"恰好和"步"相反，"步"是两只正向的脚形，"夅"是两只倒着的脚形；"步"表示向上、向前，"夅"表示向下、向后，所以"夅"主要表达降服的含义。"阝（阜）"是表示一个高低落差，所以"降（𨽎）"主要表达下降的含义。"夅"字后来废弃不用，两个含义统一用"降"。

知识拓展

霜降

霜降是二十四节气之一，是秋季的最后一个节气。霜降之后，即将进入冬季，昼夜温差加大，夜间寒气凝结，草木之上开始出现白色的霜。古人认为，霜是因为季节变更由上天所降，所以称作"霜降"。霜降之后，草木枯萎，生气渐渐消失，大地开始萧条，所以有"霜降杀百草"的俗语。

字形演变

甲

金

篆

隶

楷

文字小常识

石鼓文

石鼓文发现于唐朝，是先秦时期刻在石头上的文字。这些石头外形似鼓，所以称之为石鼓文。石鼓共计10枚，原有700多字，原石现藏于故宫博物院石鼓馆。石鼓文是先秦时期的大篆字体，是研究汉字演变以及先秦书法的珍贵遗产。因为具有很高的书法价值，所以为历代书法家所津津乐道。

释 字

"陟"和"降"的字形恰好相反。"夅"是两只倒着的脚，表示向后、向下；"步"是两只正向的脚，表示向前、向上。各自加上"阝（阜）"之后，就有了高低落差，"陟"和"降"去掉了平行移动的方向，分别表达向上攀登和向下降落。

知识拓展

陟岵（hù）陟屺（qǐ）

《陟岵》是《诗经·魏风》中的一首诗，诗的内容是思念自己的父母兄弟。第一段有"陟彼岵兮，瞻望父兮"，意思是：登上草木茂密的山，远望我的父亲。第二段有"陟彼屺兮，瞻望母兮"，意思是：登上草木稀少的山，远望我的母亲。所以，后人用"陟岵陟屺"来表示对父母的思念。

字形演变

 甲   金   篆   隶   楷

字族链接

"陟""徙""涉"都有正向的两只脚。"陟"是向上攀登；"徙"是平行移动，是在道路上行走；"涉"是跨水行走。"陟"字中的"阝（阜）"表示的是山，所以"陟"是登山；"徙"字中的"彳"表示的是道路，所以"徙"是远行；"涉"字中的"氵"表示的是河，所以"涉"是渡河。

 陟   徙   涉

释字

"韦（韋）"字也是由两只脚构成，但这两只脚的方向一个向左，一个向右，中间有一个方框表示位置（），整体字形表达的意思是围绕和相反。"韦（韋）"字在古文中一般被释为皮革绳索，这个含义是从围绕的含义生发的。

知识拓展

韦编三绝

"韦编三绝"出自《史记·孔子世家》。韦是竹简的皮革编绳，绝是断。"韦编三绝"意思是因为不停地翻看竹简，结果竹简的编绳断了一次又一次。这是描述孔子读《周易》的经历，说明孔子晚年读《周易》读到爱不释手。后来用"韦编三绝"来形容读书的勤奋。

字形演变

 甲　 金　 篆　 隶　 楷

字族链接

早期汉字的特点是一字多义，多字同源，"韦（韋）"字就是一个典型的例子。"韋"的字是中间一个"口"，表示某一方位，上下各有一只脚向不同的方向走。两只脚向不同的方向走，是"违（違）"的含义；两只脚围绕着中间的"口"字行走，是"围（圍）"的含义；士兵围城而行，是"卫（衛）"的含义。三个字加上偏旁，就变成了"違"、"圍"和"衛"字。

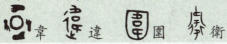

097

释 字

　　"定"字是一只脚（"止"字）在屋子里面，脚的上面有一个方框或者圆圈，表示目的地，如甲骨文"⟨图⟩"，整体字形表达的是人走到房屋中停下。通常情况下，人只有回到了家中才会处于最安定的状态，所以止步于家就是"定"。

知识拓展

昏定晨省

　　"昏定晨省"出自《礼记·曲礼》，是中国古代孝文化的一种体现。昏是黄昏、晚上，定是安置妥当，晨是早晨，省是看望。"昏定晨省"的意思是，作为子女，每天都要关心和照顾自己的父母，晚上睡前要安排好父母休息，早晨起来首先要问候父母，目的是探视一下父母是否安好。

📖 字形演变

甲

金

篆

隶

楷

文字小常识

鸟虫篆

　　鸟虫篆是春秋战国时期一种奇特的字体，盛行于当时的南方各国。它是在篆体的基础上加上鸟形或者虫形，然后将笔画蜿蜒盘曲，一个字就如同一幅装饰画，其实就是古代的一种美术体。这种字体可以起到很强的装饰作用，具有美学价值，并不是一种实用字。比如著名的越王勾践剑上使用的就是这种字体。

土　　金

释 字

"楚"，一般解释为荆或者野生丛林。通常情况下，荒芜的丛林里往往生长着许多荆棘，而荆棘就是楚的本义。古代称南方一大片地方为荆楚，原因是中原地区的人认为那里还是荆棘丛生的地方。但"楚"的字形如金文""表达的是人踏入丛林中。

知识拓展

楚河汉界

秦朝末年，秦王朝被推翻以后，形成西楚霸王项羽和汉中王刘邦两大军事势力之间的对峙。经过多年的战争，初期占据优势的项羽势力逐渐受到削弱，在河南荥阳一带楚汉军队形成相持局面。由于当时谁都不具备打败对方的实力，所以双方约定以鸿沟为界，东面归楚，西面归汉，这就是著名的"楚河汉界"。

字形演变

甲　金　篆　隶　楷

字族链接

《说文解字》中解释"楚"为"荆"，解释"荆"为"楚"，所以这两个字最初含义相同。但从字形看，两个字的差别较大。"楚"最初的字形是脚踏入草丛或者丛林；"荆"最初的字形是刀上有刺，然后加"井"字表示读音（声符），加"艸"字表示植物的含义（义符）。

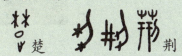

释 字

现在的"先"字，已经完全看不出造字的本义。早期的"先"字本来是由一只脚（"止"）和"人"构成，"止"在上，"人"在下（𠂇），表达的其实是一种平面关系，也就是你的脚放在了别人的前面，意思是你的身位在先。

知识拓展

必先利其器

在《论语·卫灵公》中，孔子说："工欲善其事，必先利其器。"本义是：一个好的工匠，如果想把活儿做好，首先要把自己的工具准备好。这句话给我们的启示是，不论做什么事，都需要把准备工作做在前面。谁事先功课做得足，谁的赢面就大。

字形演变

甲

金

篆

隶

楷

字族链接

与"先"字含义相近的还有"前"字。"前"字现在的字形同样看不出造字意图。"前"字和"先"字一样，上面也有一只脚（"止"），但是下面换成了"舟"。"先"是走在人前，是人的主动行为；而"前"是站在船前，是因为船的前行而前行。简单说，就是人前为"先"，船前为"前"。

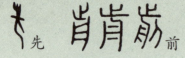

释字

"往"字在造字之初，另一边并不是"主"，而是"㞷"的字形。这个字形应该理解为"止"和"土"的组合，表示脚在地上走，由此到彼为"往"。为了表达行走于路上的含义，又增加了"彳"作为偏旁，如金文"徍"。

知识拓展

礼尚往来

"礼尚往来"出自《礼记·曲礼》，原文是："礼尚往来。往而不来，非礼也；来而不往，亦非礼也。"中国人历来有重视回应和回报的传统，《诗经》中就有"投我以木桃，报之以琼瑶"的诗句。当年阳虎为了见到一直躲避他的孔子，就给孔子送礼，结果孔子在回礼的时候被他截住。

字形演变

甲

金

篆

隶

楷

字族链接

和"往"字相反的字，使用最频繁的是"来"字和"复"字。"复"字和"往"字一样，也有带偏旁和不带偏旁之分，比如"复"和"復"。甲骨文"复"的字形非常多，从这些字形上看，"复"的造字很可能与制陶的转轮有关。制陶时，通过轮盘快速旋转拉坯成型的过程，或许是"复"字造字的灵感来源，取的是轮盘循环往复的含义。

相 关 成 语
别出心裁 层出不穷 出类拔萃 出奇制胜

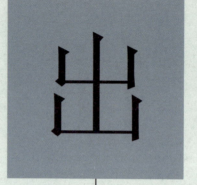

释 字

现在的"出"字更像是两山相叠，但当我们回到甲骨文（）， 就会发现"出"字原来是一只脚从地穴中出来，表达的是离开、出离的含义，和山并没有什么关系。下方的"凵"，其实是早期人类居住的地穴式或半地穴式房屋。所以"出"表达的含义是从家里出来。

知识拓展

出尔反尔

当年邹国和鲁国发生冲突，结果邹国的百姓袖手旁观。邹国的国君因为这件事向孟子抱怨。孟子回答说："出乎尔者，反乎尔者也。"意思是你平时不知道爱惜百姓，所以百姓就会用同样的方式回报你。你对别人做了什么，最后都会回到你自己身上。但后来"出尔反尔"的含义变成了反复无常。

字形演变

甲 金 篆 隶 楷

字族链接

甲骨文的"各"字，正好和"出"字相反。"出"是一只脚从里往外离开，脚形朝上，是一个正向的"止"字。而"各"字是一只倒置的脚，也就是"夂"字，表示回到下面的穴中，而下面的穴和"出"字一样，有"凵"和"口"两种写法，在后来的演变当中，"出"字选择了"凵"，"各"字选择了"口"。"各"字最初表达的是回到或者入的含义。

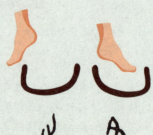

出　各

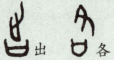

出　各

释字

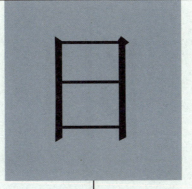

"日"就是太阳，最早的字形很简单，就是画一个圆圈，中间加一个点或一道短横。甲骨文字形出于刻画的原因，或者是有棱角的圆圈，或者是圆角的方形（☉）。字形中的点或短横，一般认为象征着太阳黑子。

知识拓展

太阳女神

中国的神话中有一位太阳女神，名字叫作羲和。传说她是帝俊的妻子，生有十日，也就是十个太阳。这十个太阳每天有一个在天空巡行，十天一个周期，所以，天干是从甲到癸的十个数。传说每天巡行天空的太阳车也是由羲和驾驭，所以历法也由羲和掌握。

字形演变

甲

金

篆

隶

楷

字族链接

通常日出时可以看到太阳的下端有一个与大地粘连的状态，然后一瞬间太阳摆脱了地平线的粘连，跳出了地面。"旦"字描绘的正是太阳从地平线上升起的这种状态，所以"旦"字最初的含义就是太阳初升的这个时间段。

旦

释 字

　　"阳（陽）"最初来自"昜"字。"旦"是太阳刚刚离开地平线，"昜"则是远离地平线，所以在"旦"下面画一道竖线，表示高。为了表示日光，又加了两到三个撇，由此完成了基本字形。为了进一步表示高扬的含义，在一侧又加上"阝（阜）"字，如金文"陽"，这就是"陽"字的由来。

知识拓展

三阳开泰

　　"三阳开泰"与历法和十二消息卦有关。古人从《周易》六十四卦中选出相互关联的十二卦，对应用十二地支命名的十二个月。子月一阳始生（复卦），丑月两阳（临卦），寅月三阳（泰卦）。三阳出现以后，季节进入春天，万物复苏，所以叫"三阳开泰"。

复 临 泰
子 丑 寅

字形演变

甲　金　篆　隶　楷

字族链接

　　"阳（陽）"与"扬（揚）"字都来源于"昜"。"揚"是在"昜"的基础上加了一个侧身的人，这个人正用双手把太阳托起来，表示把太阳扬起来。有的字形中，除了太阳之外还有"玉"字，表示把玉也扬起来。后来通过增加偏旁区别了"陽"和"揚"字。杨树的"杨（楊）"也来源于"昜"字高扬的含义。

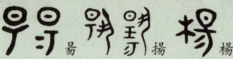

昜　揚　楊

释字

　　"朝"字表示的时间与"旦"相近。甲骨文"朝（𣊝）"字是日在草木之间，比"旦"刚刚出地平线的程度要高一些，另一侧还有月，意思是月亮还没有沉下。金文的字形"𣊝"是一侧的月亮变成了水，显然是表示水与时间相关的变化，也就是潮汐。

知识拓展

朝廷的来历
　　《礼记·曲礼》中说："天子当宁（zhù）而立，诸公东面，诸侯西面，曰朝。"宁在宫殿门和屏之间。天子站在宁，可以朝东或者朝西与公侯交流，这就是"朝"的来历。"廷"的早期字形是一个人面对庭院中通向殿堂的台阶，所以是庭院的意思。朝与廷组合在一起，就是王或者皇帝处理政事的地方。

字形演变

甲 金 篆 隶 楷

字族链接

　　"朝"的一种字形一侧为月，另一种字形一侧为水。有水的这个字形主要表达的是潮汐。后来潮汐的"朝"字为了表达与水有关，又增加了一个"水"的偏旁，专用于"潮"的含义。

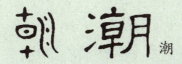潮

释 字

"昔"的早期字形是由两到三道波纹与"日"组成（）。波纹象征蒸气，表达的是太阳把肉中的水分蒸发掉，形成腊肉。因此，"昔"是"腊"的本字。因为腊肉是陈肉，所以"昔"又有了过去的含义。不过，波纹也可以理解为水的波澜，表示日子像流水一样过去了。

知识拓展

腊八

腊八或许起源于古代的蜡祭。佛教传入中国以后，因为传说腊月初八是释迦牟尼佛成道日，所以南北朝时期，这一天就成为佛教的节日。但后来腊八节逐渐成为民间的一个重要节日，形成了泡制腊八蒜、吃腊八粥等各种习俗。从腊八这一天起，民间就开始有了过年的气氛。

字形演变

 甲　 金　 篆　 隶　 楷

字族链接

"昔"的早期字形表示的是晒干的肉，晒干的肉就是腊肉。加了一个"肉（月）"字作为偏旁之后，就变成了"腊"字。不过"腊"字后来有两个字形，分别是"腊"和"臘"，这两个字也通"蜡"和"蠟"，都可以用于阴历的十二月或者年终祭祀的称谓。

 昔　腊　臘

释 字

"是"字的早期字形上面是"日"，下面是"止"，表达的是太阳的脚步。那么，"是"字是太阳走到哪里呢？原来"是"字在"日"和"止"之间还有一个"十"字的校正工具或刻度工具，表示太阳走到这里正好是一个中正的位置（是），也就是说，"是"表达的时刻是正午最端正的位置，所以"是"最初是正的意思。

知识拓展

是可忍孰不可忍

在《论语·八佾》中，孔子对季氏超越礼制，用八佾之舞，表示出强烈的不满。孔子说："八佾舞于庭，是可忍也，孰不可忍也？"意思是，连这种超越礼制的事都狠心做得出来，还有什么做不出来的。但后来"是可忍孰不可忍"往往用于表达忍无可忍。

字形演变

金　　　金　　　篆　　　隶　　　楷

文字小常识

金石学

金石学是中国考古学的前身。金主要指夏商周三代的青铜器，石主要指历代的碑刻。金石学的主要研究对象是青铜器上的铭文，以及碑刻上的文字。金石学研究从宋代的时候开始受到重视，清代达到了顶峰，出现了《寰宇访碑录》《金石萃编》《古泉汇》《金石索》等一大批金石学著作。

释 字

《说文解字》把"时"解读为"四时"，也就是说"时"指的是季节的变换。那么，是什么决定季节的变换呢？是太阳在黄道移动的脚步决定了季节的变换。"止"就是脚，所以，古人就用"止"和"日"来表达太阳的脚步（𣅉）。后来又加入了手（寸）的因素，就变成了现在的字形。

知识拓展

古代"时"的观念

"时"是中国古代的一个重要概念。古代中国强调了人对自然的顺应，人的行为必须符合季节的变化，什么季节该做什么，人就需要去做什么，不能反其道而行之。"时"的概念后来扩大到各种时机，符合时机就是"时"，不符合时机就是"不时"；"时"的结果是成，"不时"的结果是败。

字形演变

 甲　 金　 篆　 隶　 楷

文字小常识

封泥

古代的一些重要文书或者信件，为了防止中途被拆，寄件人就把卷起来的竹简扎好封口，并在封口上封上一块泥，然后在泥上钤印。这些印在封泥上的字就成为后世研究古代书法篆刻的重要资料。

释 字

太阳西斜，位置越来越低，当太阳落到最低的时候，这种状态就是"昏"。"昏"字由"氏"和"日"组成，其实"氏""氏"本为一字，表示低和底的位置，"氏"和"日"组合在一起（氐），表示太阳已经沉落到极低的位置。

知识拓展

远古的婚姻

"昏"字也是"婚"的本字，古代"婚姻"也写作"昏姻"。原因是上古婚嫁的时间一般在傍晚。古人的解释是，因为女人属阴，所以娶妻的时间选在傍晚。不过，也有人推测，这和远古时期傍晚时分抢婚有关。

字形演变

甲

金

篆

隶

楷

字族链接

与"昏"字含义接近的还有"莫"字。"莫"的造字与"朝"字类似，都是太阳隐于草木之间，而"朝"字中间是太阳和月亮，"莫"字则是太阳没于草木。这个"莫"字实际上就是"暮"的本字，因多被借去作"莫须有"的"莫"，所以在天晚的含义上又加了一个"日"字，变成"暮"字。

莫

暮

109

释字

古人用圆表示日，而用半圆表示月。但半圆的弦月弧线向外延长，形成一个开口的形状。早期的字形有两种，一种只是一个半圆，如甲骨文"🌙"；而另一种则是在半圆的中间加一个竖点，如金文"🌙"。

知识拓展

阳历和阴历

在中国古代日叫太阳，月叫太阴。根据太阳变化周期制定的历法叫太阳历，根据月亮盈亏周期制定的历法叫太阴历，简称阳历和阴历。一个月就是月亮一个盈亏变化的周期，这个周期的时间大约是29.5天，所以阴历的月是29天或者30天。阴历十二个月加在一起比实际上的太阳年差十一二天，于是就出现了闰月。

字形演变

甲

金

篆

隶

楷

字族链接

"夕"和"月"本为同一字，后来有所分工，"月"表示具象的月亮，"夕"表示晚上。从字形上也逐渐有所区别，中间加竖点的字形演变为"月"，中间不加竖点的字形演变为"夕"。

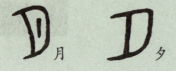

110

释 字

朙

"明（朙）"的正字其实是由"囧"和"月"构成（），后来的"囧"字有的简化为"目"，有的简化为"日"，变成"眀"和"明"的字形。"囧"是带有窗棂的小窗户，所以"朙"字最初的意思是月光从小窗户中照入，因为反差巨大，所以显得格外明亮。

知识拓展

明察秋毫

"明察秋毫"出自《孟子·梁惠王》。孟子在与齐宣王对话时说："明足以察秋毫之末，而不见舆薪，则王许之乎？"意思是，如果有人说他的视力足以看清秋天鸟兽的毫毛尖儿，但看不见一车的柴草，你能认可这件事吗？后来用"明察秋毫"来形容超强的观察能力。

字形演变

 甲
 金
 篆
 隶
 楷

字族链接

"盟"的造字与"明"字相关联，甲骨文、金文都有"囧"与"皿"构成的字形。"盟"是形声字，由此可见，"囧"很可能是"朙"的本字，也就是说，这个用小窗户象形的字，很可能就是最早的"明"。把"明"字放在带血的盘子（皿）里，意思是歃血以明誓，这个字就是"盟"。

 囧
 朙 盟

释 字

"望"不论从字形的起源还是字义，与"见"字都非常相近。从字形上说，最初都是一个人顶着一只大眼睛在看（👁）。但与"见"稍有不同的是，"望"多是向后向上看。那么，"望"向后向上的是什么呢？原来是月亮。

知识拓展

朔望的由来

"望"字和月亮的关系密切。因为满月常常会吸引人抬头仰望，所以满月称作"望"。"望日"就是月圆之日，通常指一个阴历月中的第十五天。而月初第一天，因为见不到月亮，所以称作"朔"。"朔"由一个倒过来的人形与"月"组成，表达的含义是月亮的背面，其实所指的时间是看不见月亮的那一天。

字形演变

 甲 金 篆 隶 楷

文字小常识

篆刻

篆刻是与文字相关的中国特有的艺术，与书法有密切的关系。篆刻的起源很早，封泥、玺印等都属于篆刻的范畴。但篆刻成为一种与书法并重的艺术，并形成各种流派，是从明清开始的。这种艺术形式，是用刻刀在石头等章料上刻字，然后再钤印到字画的空白处。因为字体多选用篆字，所以称作"篆刻"。

释 字

"亘"字本来写作"亙"。"亙"的字形上面一横是天，下面一横是地，而在天地之间的是一弯月亮（☽）。"亙"的这个字形有两个含义：一、月亮东升西落，横亘天空，所以有横亘的含义；二、月亮在夜空中圆缺变换，永恒不变，所以有永恒的含义。

知识拓展

月亮女神

中国有太阳女神（羲和），也有月亮女神，她正是家喻户晓的嫦娥。其实嫦娥一开始并不叫嫦娥，而是叫姮娥。"姮"的一边正是"亙"字，是天地之间的月亮，这是姮娥得名的由来，因为是女性，所以加了一个"女"字的偏旁。汉代时，为了避汉文帝刘恒的名讳，改姮娥为嫦娥。

字形演变

甲

金

篆

隶

楷

字族链接

《诗经·小雅·天保》中有"如月之恒，如日之升"的诗句，可见太阳的特征是升，月亮的特征是恒。"恒（恆）"的本字为"亙"，表达的意思是月亮永恒不变的盈亏变化。为了区别"亙"和"恆"字，又在"亙"字的基础上加了一个"心"的偏旁，另造了一个"恆"字。但现在的"亙"字被"亘"字取代，"恆"字被"恒"字取代。

亙

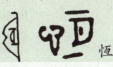
恆

113

释字

夜晚的时候，怎样才能找到你想找到的人呢？最好的办法，就是叫他的名字。这就是"名"字造字的来历。"名"字由"夕"和"口"构成（叻）。"夕"就是画了一个月亮，用它来代指夜晚；"口"就是用嘴来呼叫。夜晚呼叫的就是"名"。

知识拓展

中国古代"名"的观念

"名"是中国古代一个重要的哲学概念，《老子》说："有名，万物之母。"孔子说："必也正名乎，名不正则言不顺。"战国时期还有一个著名的逻辑学学派——名家。人类认识自然、认识社会，达成人和人之间的交流，首先需要学会分辨、分类，而分辨、分类的基础就是命名，所以"名"受到了古人的重视。

字形演变

甲　金　篆　隶　楷

文字小常识

书法

中国有一种特殊的文化现象，就是书画同源。所以，在中国不但绘画是一种艺术，书写文字也是一种艺术，这种艺术就叫作"书法"。所谓书法，就是把书写文字引入审美的视野，由此形成各种形式和各种流派的书法艺术，同时涌现了一大批书法艺术的代表人物，比如后人所熟知的王羲之以及唐宋元时期的欧颜柳赵等。

释字

"亦"是一个正面站立的人左右腋下分别有一个点，如甲骨文"夰"。这两个点，一是表示腋下的位置，也就是"腋"的本字；一是表示腋下滴汗，也就是"液"的本字。"亦"被借去当作副词，比如"不亦乐乎"的"亦"之后，这两个含义分别由"腋"和"液"这两个形声字替代。

知识拓展

中国古代夜晚的划分

古人把夜晚划分为五个时间段，分别叫甲夜、乙夜、丙夜、丁夜、戊夜，合起来叫"五夜"，又叫"五更"或者"五鼓"。

甲夜（初更）从晚上七点到九点，乙夜（二更）从晚上九点到十一点，丙夜（三更）从晚上十一点到凌晨一点，丁夜（四更）从凌晨一点到三点，戊夜（五更）从凌晨三点到五点。

字形演变

 甲　 金　 篆　 隶　 楷

字族链接

"夜"字来自"亦"。"亦"是一个正面站立的人，两腋下各自有一个点，如果把腋下两个点中的一个点换成一弯月亮，就变成了"夜"字。月亮在腋下，表示月的位置比较低，也就是月亮刚刚出来，白天即将转入夜晚。而"夜"的字形出现以后，"亦"所要表达的"腋""液""掖"等形声字就有了可以依托的声符。

夜

115

释 字

"外"字的古今字形基本没有变化，都是由"夕"和"卜"构成，表达的意思是晚上占卜。晚上占卜为什么就是"外"呢？原来，古代的占卜一般都在早上，古人认为早上的占卜更准，如果是晚上占卜，往往不中，不中就是出离了结果，出离结果就是"外"。

知识拓展

古代的占卜

在中国，远古时期的人常用占卜的方式来预测吉凶。所用的材料一般是兽骨或者龟的腹甲，以龟甲为上品。将甲骨整治平整以后，在甲骨的平面上用锐物挖出圆形的钻和枣核形的凿，然后放在火上进行烧灼。甲骨在烧灼的过程中会爆裂出纹路，古人就根据这些纹路的走向来判断吉凶。

字形演变

金

简

篆

隶

楷

文字小常识

篆书

狭义的篆书指小篆，广义的篆书包括大篆和小篆。小篆也就是秦篆。所谓"篆"，应该是来源于"掾"，"掾"就是官，所以篆书其实就是官方文字，与来自民间的隶书相对。篆书的特点是书写较为复杂，字形以细长为主，笔画圆转，线条均匀。而大篆的范围比较广，秦之前的古文字如甲骨文、金文、籀文等都可以归入大篆的范畴。

释 字

"星"字在甲骨文中有两种基本字形：一种是多个小太阳（日）按一定形状排列；一种是多个小太阳与"生"字组合在一起，"生"在群星中间。后来以三个小太阳与"生"构成的字形为主，但现在的字形就只剩下了一个太阳。不知道古人是否已经意识到，夜空中的恒星其实就是一个个遥远的太阳。

知识拓展

参宿

　　参宿是二十八星宿之一，由七颗星组成，对应的是猎户星座，整体像一个中间窄两条宽的线轴，中间的窄腰由并列的三颗星组成。参宿冬季出现于南天，而心宿中的商星（即大火星）则是夏季出现于南天，二星不可能同时出现于天空，因此古人常用参商来比喻两不相见。如杜甫诗中说："人生不相见，动如参与商。"

字形演变

字族链接

　　"参（參）"现在主要分化为三个读音，分别为 shēn、sān 和 cān。这三个读音代表的含义相互关联，第一个读音最初为参宿专用，第二个读音为数字三，第三个读音意为参与。那么，为什么"参"有"三"的含义呢？因为参宿中间有整整齐齐三颗并列的星，而"参"字正是上部由三颗星组成，这三颗星顶在人头之上，三个撇表示星光。

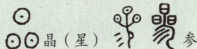

释 字

"电"最初的字形就是画了一道闪电，有主干，有旁枝（⚡）。古人认为，电是阴阳撞击而发光，可见古人已经知道是正电（阳）和负电（阴）的碰撞而产生的电光。"电"字为表示与雷雨有关，后来又加上了"雨"字头，下面闪电部分为了区别同源的"申"字，竖画变成了竖弯钩。

電

知识拓展

神的观念是从哪里来的？

在中国古人的观念中，"神"有什么作用呢？《说文解字》解释说，神是万物的创造者。那么，这个创造万物的神是谁呢？"神"字来源于"申"，而"申"就是闪电，原来创造万物的神竟然就是闪电。闪电的特点是阴阳相撞，所以《周易·系辞》说："阴阳不测之谓神。"阴阳变幻莫测的碰撞就是神。

字形演变

甲

金

篆

隶

楷

字族链接

"申"与"电"是同源字，都是从闪电的字形而来。《说文解字》把"申"字解释为"神"，可见"申"是"神"的本字。"申"被借去作排在第九位的地支之后，在神的含义上又加了"示"字，以表示人对这一自然现象的敬畏和崇拜。

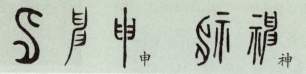
申　神

释字

　　带电的云层放电的过程，看到的是电，听到的就是雷。电很刺眼，是看到的，可以画出来；雷只能听到，怎样表现呢？古人想到的办法是：中间画一道闪电，周围画几面鼓，电一闪，鼓被敲响，轰隆隆隆，这就是"雷"。

知识拓展

雷公电母

　　中国有雷公电母的神话传说。雷公也叫雷神、雷师，出现的年代比较早，形象是一手拿着鼓，一手拿着鼓槌敲鼓，这和"雷"的造字构思完全一致。起初雷公掌管的事包含了雷和电，后来为了匹配阴阳，分成了雷公电母，雷公专管雷，电则由电母掌管。在一些道观中，还可以看到雷公电母的形象。

字形演变

甲

金

篆

隶

楷

字族链接

　　"雷"的特性就是"震"，所以，"震"与"雷"密切相关。"震"与"振"等字同源，在字义上与雷相关，发出雷声的过程就是"震"。"震"与"振"字都来源于"辰"。"辰"是"蜃"的本字，最初的字形是蛤蚌张开口。开口就是动，所以"辰"的含义就是震动。

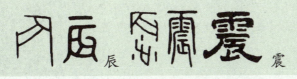
辰　　震

119

释 字

对于古人来说，云是变化最多、最快的天象，那么，对于变化多端的云在文字上如何表达呢？古人在无限的云形中选取了类似卷龙的勾云形，以表达云的神秘玄妙。中国古代的绘画也习惯把云的形状画为勾云。后来在文字规范的过程中，"云"演变为由"雨"和"云"构成的形声字。

云
雲

知识拓展

云中子

《封神演义》中，"云中子"与纣王有一段精彩的对话。纣王问："你从哪里来？"云中子答："我从云水来。"纣王问："什么是云水？"云中子道："心似白云常自在，意如流水任东西。"纣王又问："要是云散水枯了呢？"云中子道："云散皓月当空，水枯明珠出现。"这一段对话反映了古人对白云流水的向往。

字形演变

甲

金

篆

隶

楷

文字小常识

隶书

传说隶书是秦代的程邈在狱中创造的书写方式，因为程邈的罪犯身份，所以称作"隶书"。因为隶书书写比篆书更加方便，所以广泛用于民间交流以及普通的文书等。其实早在战国时期，简帛上的许多文字已经呈现出隶书的趋势。隶书的特点是书写较为简单，字形以扁方为主，笔画波磔变化。它既是汉字发展的一个重要阶段，也是一种影响后世的重要书体。

释 字

"雨"的造字灵感是从哪里来的呢？当云累积到一定程度，就会下降为雨。而雨的表现形式较为简单，以甲骨文""为例，上有一横代表天，下面有几道连续的点代表雨点。

知识拓展

雩舞

中国有古老的农耕文明，而粮食的丰歉与降雨的状况密不可分。所以每逢干旱，古人常常会通过各种方式祈雨。其中有一种祈雨方式就是雩舞。《论语·先进》中有一段话，就提到过"风乎舞雩"，这里的"舞雩"指的就是鲁国用来祈雨的舞雩台。而雩舞应该是来自远古的一种专用祈祷降雨的大型巫舞。

字形演变

 甲 金  篆 隶 楷

字族链接

"霝"是"零"和"灵（靈）"的本字。"霝"的早期字形是雨点飘零的象形，《说文解字》中举《诗经》"霝雨其濛"的例子，说明"霝"是雨飘零的意思，在这个含义上，后来一般都写作"零"。在"霝"字下面加个"巫"字，表示巫师祈雨后果然降雨，所以是灵验之事，这个字就是"灵（靈）"。

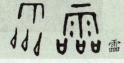 霝 零 靈

121

释 字

　　霓虹往往出现于雨后，对于这种特殊的天象，古人把它想象为一条横亘于天空的两头龙。甲骨文"⌒"的字形就是两头龙形象的"虹"字，古人认为它是在两头饮水，所以才显示出彩虹。后来的"虹"字是由"虫"和"工"构成的形声字，字形演变与甲骨文的"虹"字没有关系。

知识拓展

虹蜺

　　虹是一种大气光学现象，呈现出由外而内赤橙黄绿青蓝紫的弧形彩带。有时在虹的外层还有一道副虹，比虹的颜色暗一些，颜色排列的方向正好相反，赤橙黄绿青蓝紫的顺序是由内而外，古人称之为蜺（霓）。古人把这种特殊的天象想象成与某种神秘的动物有关，这种动物应该就是螭龙，在《诗经》中称作"蝃蝀"。

字形演变

甲

鼓

篆

隶

楷

文字小常识

楷书

　　篆书的字体细长，隶书的字体扁方，一高一扁，似乎是两个极端。魏晋以后，逐渐出现一种新的字体，修正了过高或过扁的问题，体现出中国人中庸的理念。这种字体从隶书脱胎而来，但字形方正，笔画平直，没有篆书的圆转，也没有隶书的波磔，书写方便、美观，成为书写的范式，因此称作楷书，也叫真书、正书。

释 字

"山"是非常典型的象形字，字形是画出连绵的几座山峰，因为三座山峰的字形比较简约，所以最终选择了三座山峰的字形，如甲骨文"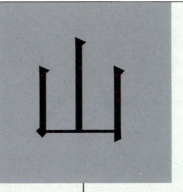"。

知识拓展

五岳

中国最著名的文化名山称作"五岳"，分别为：东岳泰山、西岳华山、北岳恒山、南岳衡山、中岳嵩山。其中东岳泰山为五岳之尊。泰山位于山东省中部，海拔一千五百多米，从秦始皇开始历代有多位皇帝登泰山，举行封禅大礼，因此留下了许多遗迹，成为世界自然和文化双遗产。

字形演变

 甲　 金　 篆　 隶　 楷

字族链接

"丘"是指比山小的山，早期字形"山"一般是三座山峰的形象，而"丘"则少了一座山峰，是两座山峰的形象。两座山峰则意味着两边高中间低，因此"丘"字也指周围高中间低的地形。岳则是比山体量更大的山，是重山、高山，所以最早的"岳"字用重山来象形。

 山　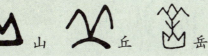 丘　 岳

释字

　　古代的"水"最初的含义指的是河流，早期字形中（如甲骨文"" ），中间弯曲的实线象征河流的形状，两边的小点象征河水中溅起的水花。金文基本固定为中间一道弯曲的实线、左右各两个小点的字形。

知识拓展

九州

　　"九州"的概念来自《尚书》中的《禹贡》篇。大禹治水的时候，把天下划分为九个区域，称作"九州"，后来"九州"也代指中国。"九州"都有哪些州呢？因时代不同而有所不同，《禹贡》中记载的分别是冀州、兖州、青州、徐州、扬州、荆州、豫州、梁州、雍州。

📖 字形演变

甲

金

篆

隶

楷

字族链接

　　"州"的字形和字义都与"水""川"相关，字形表达的是河流中间的一块陆地，也就是水中小岛。因为是水流奔泻中的一个节点，水在这里会停顿一下，所以引申为地方，"州"就成为一个地方或一个范围的代称，比如九州的概念。而水中陆地的含义用加了一个"水"字偏旁的"洲"字来专指。

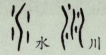
水　　川

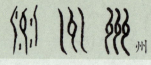
州

释 字

"川"字的本义与"水"相同，也是河流。在甲骨文中，中间的虚线或者弯曲的实线代表水流，两边弯曲的实线代表河岸（〢），有的则与"水"相同，所以"川"字是河流的象形。

知识拓展

四渎

川就是河流，中国古代有四条重要的河流，称作四渎，分别为江水、河水、淮水和济水。江水即现在的长江，是中国最大的河流。河水即现在的黄河，是流经中原地区最大的河流。淮水即现在的淮河，发源于桐柏山，主要途经安徽、江苏。济水，发源于济源王屋山，东流到山东，现在下游并入黄河。

字形演变

甲

金

篆

隶

楷

字族链接

因为河水总是由高到低顺流而下，所以"川"也有"顺"的含义，是"顺"的本字。后来为区别河川的"川"，加"页"的偏旁，强调了表情或者情绪等方面顺从的含义，变成了"顺"字。

水　川　　　　　顺

125

释 字

"江"是形声字，"工"除表示读音外，在构字当中，往往还有"大"的含义，比如"鸿"指大鸟，"缸"指大的盛器等，而"江"指的是大水，也就是大的河流。因为长江是古人眼中非常大的河流，所以称之为"江"。

知识拓展

江水

水，古时专指长江，后来"江"字也用于其他河流的名称。长江作为我国第一大河流，自古以来就为中国人所认知。今天的长江干流六千多公里，所以号称万里长江。长江的源头在青海省唐古拉山脉各拉丹冬雪山，流经青海、西藏、四川、云南、重庆、湖北、湖南、江西、安徽、江苏，在上海入海，扬州以下也称作扬子江。

字形演变

金

简

篆

隶

楷

文字小常识

行书

行书来源于楷书，因为楷书结体十分规整，在日常生活中书写楷体会降低沟通的效率，为了提高速度，书写者在书写时笔画之间出现了连笔，这种字体由此呈现出与楷书不同的风貌，这就是行书。传世中的一部分名帖，因为来自生活当中的书写，所以有许多就是行书的形式。

释 字

古代"江"专指长江，而"河"专指黄河，长江称作江水，黄河称作河水。"河"是形声字，"可"表读音，同时表弯曲之义。"可"是"柯"的本字，是弯曲的斧子把儿，因为黄河的主干部分回环弯曲非常多，所以称作"河"。

知识拓展

河水

河水，古时专指黄河，后来"河"字也用于其他河流的名称。因为黄河流经中原地区，而中原地区是中华文明发祥的中心，所以，黄河被中国人奉为母亲河。黄河发源于青海巴颜喀拉山，呈"几"字形自西向东而下，流经青海、四川、甘肃、宁夏、内蒙古、陕西、山西、河南、山东，最后注入渤海。

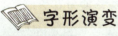 字形演变

 甲　 金　 篆　 隶　 楷

文字小常识

草书

行书的笔画比楷书潦草随意，如果这种程度进一步加深，就成为草书。草书笔画连续、简约，这种潦草看似随意，但有它独有的章法，由此形成一种独特的艺术形式。草书中有不同的分类，如章草和今草之分，今草中又有大草和小草之分。大草又称作狂草，往往能反映出书法家放荡不羁的性格，因此受到后世文人的追捧。

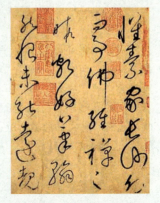

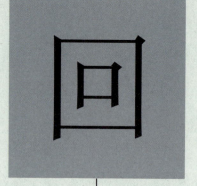

释字

"回"的字形是画了一个漩涡（），所以，"回"最初的含义就是漩涡。漩涡是旋转的，所以产生回旋的含义。除了水面上的漩涡之外，"回"还可以表示面积较小的深潭。深潭就是"渊"，所以颜回的字叫作子渊。

知识拓展

颜回

颜回，字子渊，是孔子最得意的弟子。与子贡等人的显赫功绩相比，颜回可以说一生默默无闻，而且穷困潦倒，英年早逝。在常人眼中，几乎没有什么值得夸耀的资本。但孔子认为，颜回是具有完美人格的楷模，他一生都在全身心地追求真理，对世俗所关注的视而不见，是一个纯粹的人。后人因此尊奉他为复圣。

字形演变

 金 古  篆 隶 楷

字族链接

早期的"渊（淵）"字是深水潭的象形。《说文解字》把"渊"字解释为"回水"，所谓"回水"，是指深潭中形成的漩涡。"洹"字造字与"回"字和"渊"字相关联，早期字形与"渊"字相像，是水中有回旋的象形。不过，"洹"一般用作河流的名称，也就是洹水，如今就在出土甲骨文的殷墟附近。洹水的得名或许是因为回旋弯曲的河道。

 肖 渊 洹

128

释字

泉是水的源头，那么古人是如何来创造"泉"字的呢？最初的"泉"字画了一个束口的水穴，水从水穴中流出（）。现在的"泉"字，上面的"白"字其实就是当初水穴的变形。

知识拓展

泉城济南

山东济南号称"泉城"，城内遍布大大小小的泉池，有"七十二泉"之说。著名的有趵突泉、黑虎泉、珍珠泉、五龙潭、百脉泉五大泉群，所以，在《老残游记》中有"家家泉水、户户垂杨"的描写，历朝历代也留下了欧阳修、曾巩、苏辙、赵孟頫等文化名人赞美泉水的诗句。尤其是趵突泉，有"天下第一泉"之称。

字形演变

甲 金 篆 隶 楷

字族链接

"原"是"源"的本字，来自"泉"字，是在"泉"字上面加了一个山崖的字形，表示山崖之下有泉水从穴中流出。"原"字被借走以后，在表源泉的含义时，加了一个"氵"的偏旁，形成一个形声字"源"。

原 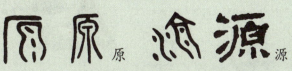源

释字

"井"字最早描画的是井栏的形状，两横两纵，相互交叉，井口在其中。还有一种字形，是"井"字当中有一点，写作"丼"，表示从水井中打水。"井"字从水井的含义，又生成陷阱以及井田等含义。

知识拓展

井田

周人来到周原以后，使大片农田的开垦成为可能。这些农田被纵横的阡陌分割成方格，看上去就像一个个"井"字相连，所以称之为"井田"。井田制是周朝基本的土地制度。"井"字形农田恰好被分割为九块，周围八块为各家私田，中心为公田，农民需先耕作公田，然后才可以耕作自己的私田，这就是"井田制"。

字形演变

甲 金 篆 隶 楷

字族链接

"刑""形""型"三个字都有"井"的字形，但这三个字中的"井"与"井"的最初含义不同，而是与"凡"字字义接近，表示的是制坯用的"井"字范；"井"字旁边加上"刀"，意思是用刀制成形，所以这个字有形状、模型等含义。所以"刑"来自"井"，"型"来自"刑"，而"刑""形"是一个字的不同写法。

井 — 刑(形) — 型

释字

冰是水的另外一种存在状态，也就是固态的水。最初的"冰"字是水凝结成冰花的象形"仌"，为了表达冰由水凝结而成，后来又加了水的因素，并把冰花之形"仌"简化为两个点，变成了"冰"的完整字形。

知识拓展

古代夏天的冰从哪里来？

古代没有冰箱、冰柜，那么古人在炎炎夏日是从哪里得到的冰呢？其实早在《周礼》当中，就记载有专门管理取冰、藏冰的官吏，叫作"凌人"。每年冬天最寒冷的季节，凌人负责取冰，然后藏在冰窖当中，夏天需要使用的时候，就会从冰窖中取出。所以，古人夏天同样可以享受到冰带来的好处。

字形演变

金

金

篆

隶

楷

字族链接

"仌"是"冰"最早的字形，是冰花的象形，而在这个字形旁边增加"水"的偏旁之后，既可以是"冰"字，也可以是"凝"字（古人把"凝"字视为"冰"的俗字）。也就是说"仌""冰"和"凝"三个字可以顺向通用。如今"仌"的字形已经很少使用，而"冰"和"凝"也已经分化，各司其职。

131

释 字

　　"气"和"氣"本来不是一个字。"气"是象形字，由三个横组成，中间的一画短（三），象征大地蒸气，是水的另外一种存在形态。为了区别数字"三"，上面一笔和下面一笔都加了弯曲（气）。又因为古人认为人得谷气以生，所以加"米"为"氣"。

知识拓展

二十四节气

　　节气之气，为天之气的运行节点。大约在战国以后，古人根据太阳在黄道位置的变化，把一年的时间分为二十四节气，分别是：立春、雨水、惊蛰、春分、清明、谷雨；立夏、小满、芒种、夏至、小暑、大暑；立秋、处暑、白露、秋分、寒露、霜降；立冬、小雪、大雪、冬至、小寒、大寒。

字形演变

甲　　金　　篆　　隶　　楷

文字小常识

籀文

　　传说周宣王时的史官籀编纂了一部字书《史籀篇》，这或许是中国最古老的字书。这里面收的文字就叫作"籀文"。现在可以见到的实物，有人认为石鼓文就属于籀文。另外在《说文解字》当中收籀文二百余个。在甲骨文发现之前，以及金文大量发现之前，籀文的概念相当于大篆，但今天大篆的范畴可以包括甲骨文和金文。

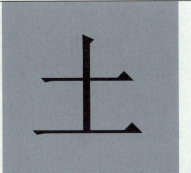

释 字

早期的"土"字，如甲骨文"𝝠"是竖起来的土堆之形，这个细高的土堆，是专用于祭祀的。从这个意义上说，"土"是"社"的本字，加上"示"字之后，强调了祭祀的含义。"土"与"社"字分化以后，"土"就专用于土地的"土"的含义了。

知识拓展

社稷

社和稷最初应该是两种相关的祭祀。社是对土地神的祭祀，因为土地关系到国土，所以受到统治者的重视。而稷是对谷神的祭祀。周的始祖后稷，因为擅长种植谷物，成为虞舜时代的农官，由此成为后代的谷神。土地和农耕是一个国家的根本，所以，社稷就成为国家的代名词。

字形演变

甲

金

篆

隶

楷

字族链接

古代祭天是"柴"，与此相对的祭地则为社。早期的"社"字就是"土"字，后来在祭祀方面专用"社"字。"社"作为国家的重要祭祀以后，已经不仅仅是一个土堆了，《论语》中记载，夏代的社用的是松，商代的社用的是柏，周代的社用的是栗，原始的土堆已经被木所取代。

133

释 字

　　"才"是"在"的本字，最早的字形是草木冒出地面的样子（），表示已经开始存在，而存在即有用，所以同时有"才"的含义。

知识拓展

天地人三才

　　中国古代有天地人三才思想。因为"才"和"在"最初含义相同，所以所谓"三才"指的是有实用的三种存在。古人认为，万物的产生，源于阴阳的交感，天地是最大的阴阳，所以是万物的根本；而人是天地间的灵物，只有人的参与，天地间的万物才表现为实有，所以世界的生成和存在，"三才"缺一不可。

字形演变

甲　金　篆　隶　楷

字族链接

　　"才"和"在"本来共用一个字形，为了强化存在场所的含义，在原字形上加了一个"土"字，变成了"在"，"才"和"在"于是有了分工，"才"字专用于才能的"才"，"在"专用于存在的"在"。

才　　　在

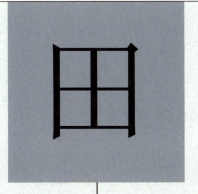

释 字

"井"是对农田的一种划分形式，"田"也是一种对农田的划分形式。"井"是把农田划分为九份，犹如九宫格；甲骨文的"田"字有各种方格形，规范的"田"则是把农田划分为四份，但"田"的字形突出了周边的田埂，也就是对边界的强调。

知识拓展

田是古代划分行政区划的基础

《周礼·地官》中说："九夫为井，四井为邑，四邑为丘，四丘为甸，四甸为县，四县为都。"一夫是"井"中的一格，面积是一百亩，而九夫组成的"井"，一共九百亩，方圆为一里。可见古代的地方行政区划，是从田地开始计算的。

字形演变

甲

金

篆

隶

楷

字族链接

"土"是一个国家的根本，"田"是农民的根本，把"土"和"田"结合在一起，就是"里"。与土地和农田有关的地方就是乡里，所以"里"的含义就是农民居住的乡里。在农田中耕种的人为夫，夫就是男性劳动力，"男"字最初的字形是一把耒（也就是"力"字）和"田"构成，意思是用耒耕田的人。

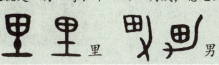
里　　男

汉 字 的 世 界

释 字

　　"土"是垒一个土堆，那么"石"如何来表达呢？因为一般的山体由岩石组成，所以，古人就用山崖的元素来造"石"字。甲骨文"石"字有两种字形：一种是山崖形，一种是山崖之下有"口"字（⿸），这里的"口"字代表从崖体上脱落下来的石块。

知识拓展

四大名石

　　中国的四大名石分别是寿山石、青田石、昌化石和巴林石。寿山石出自福建福州市附近一个叫"寿山"的小山村，以田黄为上品。青田石出自浙江青田县，以冻石最为有名。昌化石出自浙江省临安昌化镇，以鸡血石最为有名。巴林石出自内蒙古自治区赤峰市巴林右旗，有鸡血石、福黄石、冻石、彩石等名品。

字形演变

 甲　 金　 篆　 隶　 楷

文字小常识

印章

　　中国的印章与篆刻密切相关，所谓篆刻，就是镌刻印章的艺术形式。而古代印章，也是中国文字遗产的来源之一。现在可以见到的最早的实物资料是战国时期的玺印，内容有官职和吉祥语等。最为著名的印是汉印，尤其是其中的官印，代表了古代印章艺术的高峰，成为后世篆刻家必不可少的摹本。

释 字

甲骨文的"火"字是火苗的象形（），三个苗峰向上，中间是虚心儿。这个字形与"山"字极为接近，所以这两个字在甲骨文中很容易发生混淆。金文变成了实心儿，两边苗峰变成了两点儿，并逐渐变成两个点夹一个"人"的字形。

知识拓展

炎帝

　　炎帝与黄帝一样，是华夏民族的始祖之一。据说炎帝的称谓与炎帝部落擅长用火有关。炎帝部落与黄帝部落曾经爆发阪泉大战，黄帝部落战胜了炎帝部落，两个部落合二为一，由此成为华夏民族的源头。炎帝也被视为烈山氏和神农氏，烈山氏强调的是用火，火烧出田之后，就可以实现耕作，所以又称作神农氏。

字形演变

甲　金　篆　隶　楷

字族链接

　　"炎"是两个"火"字相叠，象征更大的火势，含义为火盛。"炎"字字形的演变与"火"字相同。"炎"字还用于表述"火"的特性，与"水"的润下相反，"火"的特性是炎上。

炎

137

释 字

古人认为，光来源于火，所以"光"的字形是一个人头上顶着一团火（）。"光"上面的"火"字在演变过程中，为了书写方便，撇捺逐渐拉直，现在的"光"字已经看不出"火"的字形了。

知识拓展

凿壁偷光

"凿壁偷光"是古代一个刻苦读书的故事。西汉一代名相匡衡，小的时候因为家境贫寒，买不起书，经常借书看。可惜的是，一到晚上，因为家里没有灯，没有办法读书。有一天，他偶然发现墙上有缝隙透过来邻居家的灯光，他就把缝隙挖得大一些，借助透过来的光读书。

字形演变

甲

金

篆

隶

楷

文字小常识

奇字

《说文解字》中说，奇字是王莽时期的六书之一。王莽时期的六书分别是古文、奇字、篆书、佐书、缪篆和鸟虫书，这六种字体有各自的特点和用途。其中的奇字是古文，但又与鲁壁藏书的古文不同，因为与众不同，所以称作"奇字"。《说文解字》当中就收有奇字字形。

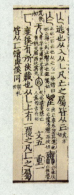

释 字

"赤"是把一个正面站立的人（也就是"大"字）放在火上烤（灬），人在受热后脸色和肤色会变成赤红色，所以就生成"赤"的含义。"赤"的字形古今变化比较大，尤其是上面的人，由于笔画的拉直，变成了"土"字。

知识拓展

五色

《老子》说："五色令人目盲。"那么，古人所说的五色指的是哪五种颜色呢？这五种颜色分别是：青、赤、黄、白、黑。其特点是除了黑白两种颜色之外，就是三原色。而五色对应的是五个方向，分别是青对东，赤对南，黄对中，白对西，黑对北，所以四象分别是：东青龙、西白虎、南朱雀、北玄武。

字形演变

字族链接

把人放在火上烤是"赤"字，那么，如果改成把鸟放在火上烤是什么字呢？把鸟放在火上烤，原来是"焦"字。烤鸟可能是为了食用，所以要把鸟烤得外焦里嫩。

  焦

139

释 字

　　金文中的"金（）"字一边是两个黑点，似乎是两个铜锭，也就是铸造铜器的原料；另一边上半部分似乎是倒扣坩埚之形，坩埚是熔化铜液的容器，下半部分近似"王"字，而"王"是斧钺的象形，所以"金"的本义可能是把铜锭熔化后，从容器中倾倒出来铸造斧钺等铜器。

知识拓展

古代的金

　　古代的"金"字泛指金属，但在青铜时代主要指青铜。青铜其实也是一种合金，以铜和锡为主，含有少量的铅。不同的器物，铜锡的比例也不相同，一般容器类以铜为主，而武器类锡的比例会增加。但金的概念中也含有黄金。《说文解字》把金分为五色，其中以黄金为长。黄金的特点是不易生锈，易于成形，是当时的贵重物品。

字形演变

金

金

篆

隶

楷

文字小常识

钱文

　　古代还有一种特殊的文字，就是铜钱上铸的文字。最早的铜钱可以追溯到春秋战国时期，各个诸侯国都有自己的通行货币，比如布币、刀币、圜钱等，各具特色。钱上都铸有文字，有地名有币值。秦使用的是半两圜钱，因为最终由秦统一天下，所以秦汉以后使用的铜钱，除了王莽时期之外，基本是圆形。各个朝代的铜钱所铸的文字也各有时代特点。

释 字

　　"春（旾）"字的来源与"屯"有关。"屯"是草芽刚刚长出地面的样子，对应的是春季。为了表明是植物萌生的阶段，"旾"字加入"木"或"艸（草）"的因素，规范字中固定为"艸"；为了表明和时节有关，又加入"日"的因素，由此"旾"的字形基本完备。后来在简化过程中又演化为"春"的字形。

知识拓展

春节的由来

　　中国人把正月初一叫作"春节"。那么，"春节"是怎么来的呢？中国古代主要使用的是夏历，夏历把正月选在干支纪月的第三个月份，也就是寅月，通过闰月的调整，立春的节气基本在寅月之初的前后，由此一来，正月对应了春天的第一个月。正月到了，春天也就开始了，所以叫"春节"。

字形演变

　甲
　金
　篆
　隶
　楷

文字小常识

武则天造字

　　仓颉造字只是一个传说，但武则天造字确有其事。武则天造字，基本上是采用了会意的方式，比如用明月当空照的"曌"字替代"照"字，用八方国土的"圀"字替代"國"字，用有山有水有土地的"埊"字替代"地"字，等等。武则天虽然造字不多，但有一定的影响力，有些石刻仍然保留了她的造字。

释 字

与"春""秋"不同，早期文字中未见"夏"字，原因是古代最初只有春秋两季的概念，四季的概念恐怕出现于春秋战国时期。从春秋战国时期"夏"的字形看，"夏"字似乎是描绘了一个身形完整的人，上面为首，中间为双手，下面有脚。所以《说文解字》把"夏"字解释为"中国之人"。

知识拓展

夏朝

夏朝是中国历史时期的第一个王朝。夏朝之前称作史前时代，传说实行的是禅让制度，唐尧禅位给虞舜，虞舜禅让给夏禹。夏禹的儿子启废除了禅让制度，继承了禹的天子之位，由此开启了家天下的王朝。夏王朝在《史记》等文献中有详细的记载，但因为缺乏出土文献的支撑，历史的真实性受到一定程度的质疑。

字形演变

金

简

篆

隶

楷

字族链接

"亚（亞）"字最初看起来是一个大型建筑的平面图，这种四出的形态表现出方正的特点，所以"亞"字最初的含义是大和正。有趣的是，商代许多青铜器上的族徽都和"亞"有关，说明"亞"很可能是一个规模庞大的部族。华夏的"夏"字字义也是正和大，与"亞"字相同。出土文献证明，"亞""雅""夏"三个字互通。所以"亞"族极有可能就是"夏"族。

亚

亚族族徽

释 字

甲骨文"秋（龝）"的字形作""，表示火烧虫子。虫子的字形非常接近"龟"，这也是"龝"字读音的来源，但与"龟"不同的是，这个虫子的头上有须角，所以应该是蝗虫类的昆虫。以火驱蝗，目的是为了保证秋天的收成。后来为了表示与庄稼有关，加了"禾"的偏旁。

龝

知识拓展

关于春秋

上古的季节是以农耕的需要而划分的。古代中原地区农业生产以粟类种植为主，特点是春种秋收，所以，一般以春和秋的转换为一个轮回。由于是以春秋纪时，所以记载鲁国历史的典籍称作《春秋》，而《春秋》中记载的时代，称作"春秋时期"。著名的管子、老子、孔子、墨子、孙子等就是这一时代的圣贤。

字形演变

甲

籀

篆

隶

楷

文字小常识

道教的神秘文字

道教创立以后，为了增加宗教的神秘性以及传道的隐蔽性，创造了许多道教内部使用的文字，主要包括符箓性文字和道教神仙的讳字，这些文字我们今天依然可以在与道教相关的文献或者遗迹中见到。它的特点是多为现有文字的拼凑，字形非常复杂。

143

汉字的世界

释字

"冬"是一年当中最后一个季节，是一年的终了，所以"冬"是"终"的本字。早期字形是丝线的两头打结（♉），表示丝线到此完结。四季概念出现以后，用此字代表一年的终结。篆字以后，下面增加了"仌"字或者代表"仌"字的两个点，表示冬天的寒冷。

知识拓展

冬至

冬至是非常重要的一个节气。所谓冬至，意思是冬天走到尽头，从这一天起，白昼逐渐变长，阳气开始萌生，对应的干支纪月是第一个月子月，也是周历的正月。但由于阳气被压在底层，而阴气则表现出衰退之前的鼎盛，所以冬至以后，一直到大寒，反而是一年中最寒冷的时节。冬至也是数九的开始，数九意味着对春天的期盼。

字形演变

 甲
 金
 篆
 隶
 楷

字族链接

"冬"的本义是"终"，"冬"字被借去作为最后一个季节名称之后，加"糸"的偏旁，另造形声字"终"，表示终了，仍然取丝线终结的含义。人的一生的终结也叫"终"，但在古代"终"往往是指一个好的归宿，所以，"有终"是君子一生的追求。

 冬 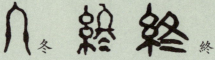 终

释 字

古人在造"寒"字时，是如何表达寒冷的呢？首先寒冷的时候人要待在屋子里，然后把周围塞满了草，这样就能起到保暖驱寒的作用，"寒"早期的字形正是这种构字思路。为了强调屋子外面的寒冷，又在下面加了一个"仌"字，如金文""。

知识拓展

小寒与大寒

小寒、大寒是古人用体感来命名的节气，原因是这两个节气期间，是人感觉最寒冷的时节，三九严寒正在这个时间段里。

这两个节气也是一年当中最后两个节气，正好介于冬至和立春之间。因为从冬至起阳气萌生，古人认为动物可以感知阳气的来临，所以有大雁从小寒开始向北飞行之说，这就是"小寒之日雁北向"。

字形演变

金

金

篆

隶

楷

字族链接

在屋子里面塞满草的字形与"塞"字的来源相近。"寒"是塞草，"塞"最初塞的是"工"的字形，"工"字当是夯筑工具夯杆的象形，所以"塞"字重点强调的是塞的过程，是用土塞墙的过程。后来，为了表示用的材料是土，在字形下面又加了"土"字。

塞

145

暑

释 字

"暑"字来源于"者"。"者"的甲骨文、金文字形为以火烧木，以甲骨文"☀"为例，下"火"上"木"，"木"周围的点是燃烧的火星。"者"字被借走后，暑热的含义上在"者"的字形上又加了"日"字，强调天气带来的热感。

知识拓展

小暑、大暑与处暑

与"暑"字相关的节气有小暑、大暑和处暑。与小寒、大寒是一年中最寒冷的时节相对应，小暑和大暑是一年中最炎热的时节，三伏天基本在这个时间段，过了大暑，就进入到秋季。而秋季的第二个节气就是处暑。"处"，意思是到这里就止住了，所以处暑意味着最炎热的天气到这里就结束了。

字形演变

字族链接

"者"是"着"（着火）和"煮"等字的本字。"者"的本义是烧，烧的是柴。烧柴的目的一般是为了做饭，所以，最初的"煮"字不仅表示用水煮，其他的烧饭方式也可以用"煮"字，后来则专用于水煮。

释字

"东（東）"作为方位词，最初是借来的字。在甲骨文发现之前，"东（東）"被解释为太阳藏在树中间，这是太阳刚刚从东方升起的状态。但根据甲骨文字形（東），原来的"東"是橐囊之形，也就是两头束口的一个大口袋，因为读音的关系，被借来作为东方的"东"字。

知识拓展

房东、股东的来历

为什么房屋的主人叫房东，股票的主人叫股东呢？原来，这和中国古代的礼俗有关。古代在招待宾客的时候，主人和宾客有固定的座位方向，主人坐在东面，宾客坐在西面，这就是东主西宾的习俗。因为这个缘故，一般称主人为东。

字形演变

甲　　金　　篆　　隶　　楷

字族链接

"東"是橐囊也就是口袋之形，如果把一个装满东西的口袋背在人的身上，人会有什么感觉呢？人会觉得很重。所以"人"和"東"结合在一起，就是"重"字。甲骨文的字形是口袋太重，拿不动，放在脚底下；商代金文的字形是背在背后；后来的字形把"人"和"東"放在了一起，"東"坠在人的下面，有点像甲骨文的字形；再后来，又在下面加了个"土"字。

　　　　重

147

释字

夕阳西下，古人最常见的是什么现象呢？最常见的就是飞鸟归巢。所以"西"字最初几乎就是一个鸟巢的象形（🐦）。鸟归栖于巢穴，正是太阳西落之时，因此这个鸟巢的象形字，就成为"西"字。

知识拓展

东方与西方

"西"在古代中国有多重含义，汉唐时期，常用来指华夏以外的民族和地域，比如张骞出使西域，玄奘西天取经。由此，逐渐在中国人的意识中形成了东方、西方的概念，尤其到近现代，形成了东方文化和西方文化的概念。比如西餐、西医、西服等，都是由西方传入的；中餐、中医、汉服等，都是本土的。

字形演变

甲　　金　　篆　　隶　　楷

字族链接

鸟巢，就是鸟栖息的地方。而鸟巢之形的"西"其实就是栖息的"栖"的本字。"西"被借走作东西的"西"以后，另造"栖"或者"楼"字表示栖息的含义。"栖"是形声字，但也可以理解为树上的鸟巢；而"楼"是纯粹的形声字。

 西（栖）　 楼

释 字

"南"的字形最初是一个悬挂着的钟镈类乐器（　），上面是悬挂用的系绳，下面是乐器的主体。那么"南"的字形如何与南方的方位产生联系的呢？原来古代在演奏音乐的时候，编磬悬挂在西面，而编钟、编镈则悬挂在南面。

知识拓展

《周南》《召南》的来历

"南"本是钟镈类乐器，所以"南"有音乐的含义，《诗经》中有《周南》《召（shào）南》，指的就是周地的音乐和召地的音乐。因为钟镈属大型乐器，所以可以想见《周南》《召南》应该是气势比较宏大的音乐。因为周、召是周王朝统治的核心区域，所以，其他地方的音乐叫"风"，周、召两地的音乐叫"南"。

字形演变

甲　金　篆　隶　楷

字族链接

"庚"的早期字形与"南"字十分相像，也是乐器的象形，但在乐器主体上面多出左右两笔，所以有可能是摇铃之类的器物。"康"字则是在摇铃下面画出小点儿，表示摇铃的响声。

149

释字

两个人一起向左是"从"，一起向右是"比"，而一个向左一个向右就是"北"字（𝕄）。"北"字表达的意思是两个人背靠背，所以这个字起初是"背"的意思。后来"北"字被借去表示方向。

知识拓展

古人怎样确定方向

为什么两个人背靠背的字形被借去作为方向的"北"去使用呢？这和古人对方位的认识有关。不论是建城还是盖屋，古人都讲究背北面南，所以当你背北面南站立的时候，你后背的方向就是北方。古人画地图、看地图也根据这一习惯，所以古地图的方位常常是上南下北、左东右西。

字形演变

甲

金

篆

隶

楷

字族链接

"北"本来是用背靠背的字形来表示"背"的含义，但"北"被借去作方位词之后，在"背"的含义上，就在下面加了一个"肉"字底，表示和身体有关，这个新创的字就是"背"字。

北　背

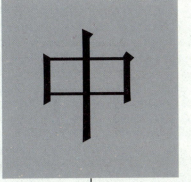

释字

"中"字的起源与旗子有关，早期的字形，如甲骨文"𣄼"，中间的方框或圆圈代表某个方位，在其中插上旗杆，旗杆上下有旗帜或者飘带（㫃）。旗帜插在氏族聚集地的空旷之处，以此为标志召集众人聚于旗帜的周围。而一般旗杆所插的地方为中间地带。

知识拓展

古代中的观念

"中"是中国古代重要智慧之一，比如"中庸""中道""中观"等。所谓"中"的智慧，就是放弃非左即右的极端思维模式。孔子说"过犹不及"，就是在批评两个极端。但这里的"中"就像"中"字字形中随风飘扬的旗子一样，可以向左，也可以向右，不是绝对的中间。所以"中"从根本上说，是一种动态的平衡。

字形演变

甲

金

篆

隶

楷

文字小常识

钟繇

据文献记载，早期的书法传承谱系是：蔡邕传蔡文姬，蔡文姬传钟繇，钟繇传卫夫人，卫夫人传王羲之。也就是说，钟繇是蔡邕的再传弟子，王羲之是钟繇的再传弟子，所以钟繇是一个承上启下的人物。钟繇所处的时代是汉末三国时期，正是汉隶向楷书过渡的关键时期，而钟繇的书法对于楷书的定型起到了重要的作用，所以他被后世奉为"楷书鼻祖"。

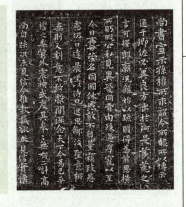

151

释 字

　　"帝"与人格化的天同义，"帝"或"上帝"代表的就是天。古代祭天的方式，是把祭品放在柴上燃烧，表达的是通过上升的烟把祭品送上天。"帝"的早期字形（如甲骨文"帝"）就是把捆扎的木柴竖起来，上面有一个平面，可以摆放供品。

知识拓展

皇帝的由来

　　"帝"本来是指上天，后来也指古代的圣王，比如三皇五帝。三皇五帝说法之一是：燧人氏、伏羲氏、神农氏为三皇，黄帝、颛顼、帝喾、尧、舜为五帝。夏商周时期的天子称作"王"，秦始皇统一六国以后，自以为功绩可以与三皇五帝相比，所以自称为"皇帝"。从此以后"皇帝"一词用了两千多年。

字形演变

文字小常识

王羲之

　　王羲之是中国家喻户晓的书法家，被后世奉为"书圣"。王羲之生活的东晋时期，楷书进入成熟阶段，中国书法的审美情趣也已经成型。王羲之正是这一时期书法的代表人物，他的书法作品对后世产生了深远的影响，为其后唐代书法的鼎盛奠定了基础，其代表作《兰亭序》被誉为"天下第一行书"。

释 字

　　凡是与祭祀相关的字，常常以"示"字作为偏旁。而"示"字最早的字形是供案的象形。甲骨文主要有三种字形：第一种是有一个平台，下面的竖画表示高，祭祀用的供品放在高台之上，以显示供奉者的虔诚；第二种字形平台之上多了一个小横，用以表示供品；第三种字形供案之下有小点，表示祭洒之物。

知识拓展

古代四季的祭祀

　　古代在一年当中有不同的祭祀，春季的祭祀叫作祠，夏季的祭祀叫作礿，秋季的祭祀叫作尝，冬季的祭祀叫作蒸。或者是春礿夏禘，秋尝冬蒸。一般春夏的祭祀比较简单，秋冬的祭祀比较隆重。祭祀的对象有天神地祇、历代祖先、名山大川，几乎无所不包。祭祀品有家畜、粮食以及玉帛等。

字形演变

 甲　 金　 篆　 隶　 楷

字族链接

　　"示"的本义是祭祀，不过"祭""祀"两个字另有造字。"祭"是一只手把作为祭品的肉放到祭台之上；"祀"是"示"和"巳"的组合，"巳"是婴儿的象形，所以，"祀"最初的含义或许与祈求人的生育以及庄稼、家畜的繁盛有关。

 祭　祀

153

释字

"福"字由"示"和一个装满酒的酒器构成（畐），"示"的字形表达的是一个用于祭祀的台子，所以，"福"的整体字形意思是将酿好的美酒奉献给上天、神灵或祖先，由此就可以得到保佑。

知识拓展

五福临门是哪五福?

中国自古有"五福临门"的祝福语，那么"五福"都有哪些呢？根据《尚书·洪范》，五福分别是：寿、富、康宁、攸好德、考终命。"寿"是长寿；"富"是富有；"康宁"是身体健康，内心安宁；"攸好德"是修好德，也就是修行好的品德；"考终命"是老了以后有一个好的生命归宿。

字形演变

甲

金

篆

隶

楷

字族链接

"福"字是把美酒奉献出来，与"福"字相关的"富"字，字形是屋子里面有一坛美酒。这两个字的造字构思告诉我们的是，如果你家里有酒，只能说明你富有，并不代表幸福；如果你把酒拿出来奉献，就会有回报，拿出来与人分享，就会获得幸福。所以，归根结底，分享就是"福"。

154

福

富

释 字

　　"司"字是由一个倒立的"匕"字和一个"口"构成（），表达的是有一个人手持分食的大勺子在发号施令。也就是说，用餐的时候，这个手持大勺子的人有分发饭食的权力，主持分食和发号施令的行为就是"司"。

知识拓展

司母戊大方鼎

　　商代的司母戊大方鼎高 133 厘米，口长 110 厘米，口宽 79 厘米，重达八百多公斤，是目前已知的中国古代的"鼎王"。

难能可贵的是，方鼎腹内还有三个铭文"司母戊"。关于第一字如何确定，曾经有一番周折，开始称作"司母戊"，后来有学者建议改为"后母戊"。其实在甲骨文和金文中"后""司"同源。

字形演变

 甲　 金　 篆　 隶　 楷

字族链接

　　"后"与"司"字同源，手持大勺子发号施令的行为是"司"，发号施令的人就是"后"。早期的字形中"口"和倒置的"匕"左右如何排布并不固定，后来将"口"在左边的定为"司"字，"口"在右边的定为"后"字，字形互为镜像反正关系。

 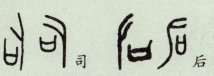

释字

"衣"字是古代服装的象形（＾），有领口、衣袖，以及胸前的交襟。从早期造字可以看出古代服装宽袖大襟的特点，在现代服饰出现之前，中国服装一直保持了这个传统。

知识拓展

中国的服饰文化

中国古代有丰富的服饰文化。中国的服装统称衣裳，上为衣，下为裳；外为衣，内为裳。不同时期、不同场合、不同身份，都有不同的服饰变化。比如有日常穿着的常服，有重大场合中穿着的礼服；贵族可以穿着华丽的绫罗绸缎，普通百姓只能穿着原色的葛麻布衣，正是因为这个原因，平民百姓古时也称作"布衣"。

字形演变

甲

金

篆

隶

楷

字族链接

"初"字由"衣"和"刀"构成。因为制作一件衣服，是从用剪刀剪裁开始的，所以表达用剪刀裁衣的"初"字，意思是开始，比如一个月的开始叫"月初"，一年的开始叫"年初"。

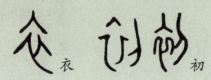
衣　初

释字

　　"卒"字来源于"衣"，是在"衣"字上画一笔，表示在衣服上做一个标记，穿着同一标记衣服的人就是"卒"。这些卒组织在一起，或者做苦役，或者做士兵。在早期的字形中，"衣"字也可以做"卒"使用。

知识拓展

古代军队编制

　　"卒"也是古代军队编制的一个层级。古代军队标准的建制分军、旅、卒、伍四个层级，人数的递进是：五人为伍，五伍为两，四两为卒，五卒为旅，五旅为师，五师为军。一伍五人，一卒百人，一师两千五百人，一军就是一万两千五百人。实际上古代的军队不一定严格按照这个编制。

字形演变

甲

简

篆

隶

楷

文字小常识

楷书四大家

　　中国人学习书法，一开始往往要临摹欧颜柳赵四种字体。这四种字体中有三种都是来自唐朝的书法家，分别是欧阳询、颜真卿、柳公权，只有赵孟頫是元朝时人。欧体离二王最近，结体法度严谨，恰到好处；颜体雄浑厚重，有很高的辨识度；柳体瘦劲，以骨力著称；赵体运笔流畅，清丽秀美。

157

释 字

"丝（絲）"字来源于两个"糸"，一根"糸"是"糸"，两根"糸"就是"絲"。比"糸"多，表达的是"丝（絲）"的产品性，也就是用来纺织丝织品的原料。

絲

知识拓展

丝绸之路

养蚕以及纺织丝绸是古代中国特有的，所以丝绸传入西方后，被西方视为不可思议的衣料，受到西方贵族的青睐，成为西方社会不可多得的奢侈品。汉代张骞通西域之后，古代的商人开辟出以丝绸为主的中西贸易之路，这条路线从唐都长安开始，一直通达西方的罗马，后人称之为"丝绸之路"。

字形演变

甲

金

篆

隶

楷

字族链接

一根"糸"比两根"糸"的"絲"数量少，表示的是细丝，是原生态的丝，也就是蚕吐出的丝，但这些丝已经经过整理，因此"糸"的早期字形是两头结成丝绪，中间为绞丝。凡是与纺织有关的字形，在形声字大量出现以后，都用"糸"字做偏旁，如纺织、经纬、继续等。

糸

释 字

"系"的早期字形是用手抓起两串或者一串丝，如甲骨文""，由此产生了几种相关的含义：以手提丝，有悬提的含义；提起成串的丝，有同一类的含义；以手束丝，有打结的含义。

知识拓展

《周易》的《系辞》

《系辞》是解释《易经》的《易传》中非常重要的一篇，是《易传》的核心，可以视为对《易经》解读的通论。内容包括《易经》卦爻的象征意义、《易经》的思想来源、占筮的原理与方法、蕴含的义理等。《易传》完备体系的架构，主要是由《系辞》来完成的。影响后世的《周易》哲学思想主要来源于系辞。

字形演变

甲

金

篆

隶

楷

字族链接

"系"字在不同的含义上还写作"係"和"繫"，但实际上区别并不是很明显，只是在使用上有不同的习惯用法，比如世系、谱系、系统的含义上一般使用"系"字；在作为判断词使用时，一般使用"係"字；在打结的含义上一般使用"繫"字。简化字都统一为"系"。

系   係   繫

释字

"食"的早期字形由"亼"和"皀"组成（）。下面的"皀"是一个装满主食的簋，上面的"亼"可以理解为倒着的口，所以"食"的意思是吃簋中的饭。

知识拓展

膳食指的是什么？

"膳食"指我们平时摄入的食物，但起初的"膳"与"食"指两大类食物。"膳"字是由"肉（月）"和"善"构成的形声字，指的是肉类的美味；"食"的字形是谷类的饭食盛在簋当中，指的是谷类食物。《周礼·天官冢宰》中记载："凡王之馈，食用六谷，膳用六牲。"六谷是稻粱菽麦黍稷，六牲是马牛羊豕犬鸡。

字形演变

甲

金

篆

隶

楷

字族链接

"食"的造字中有一个主要字素是下面的"皀"字。"皀"的正字字形写作"殷"或者"簋"。簋用来盛装黍稷等各种谷物做成的主食，作为食器的代表，许多和吃饭相关的字都以簋为元素，比如食、即、既、乡（飨）等。而且，簋还和鼎相配套，形成了三代时期的列鼎列簋制度，成为礼制的标志性器物。

   殷（簋）

释字

"即"的本义是就餐，早期字形（）是一个人跪在盛满饭的簋前准备用餐，由此产生出"就"的含义。字形在演变过程中，簋器变形为"皀"，右边跪姿的人变形为"卩"。

知识拓展

古人就餐的姿态

因为中国古代没有类似后世的餐桌和椅、凳等坐具，所以古人都是席地而食。为了方便就餐，古人的餐具一般都比较高，比如豆为高柄，簋为圈足，而在造字当中，作为字素的豆和簋的形态区别不大。关于古人就餐的姿态，从"即""既""乡"等字形就可以看出，都是人跪坐在食器面前。

字形演变

 甲　 金　 篆　 隶　 楷

字族链接

"既"和"即"想要表达的意思正好相反，"即"是准备就餐的样子，而"既"则是吃完饭的样子。因此，"即"的含义是即将，而"既"的含义是已经完成。那么，"既"的字形是如何表达进食完成的呢？甲骨文和金文都是面前一个盛有食物的簋，而跪着就餐的人因为已经吃饱，所以把头转到一边，张嘴打嗝。

 即　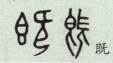 既

161

鄉

释 字

一个人就餐是"即"，两个人面对面就餐是什么字呢？这个字就是"鄉"。"鄉"的字形是中间一个盛满饭的食器，两个人跪在食器前相向而食，所以"鄉"是"嚮（向）"的本字，意思是二人相向。

知识拓展

乡的由来

"乡（鄉）"字是"饗（飨）"的本字。最初的"饗（飨）"与祭祀有关，参加同一个祭祀活动的人本是同族的人，所以早期的"鄉"是指同族人居住的地方，后来扩大到一级行政机构。汉代时，五家为邻，五邻为里，四里为族，五族为党，五党为州，五州为乡，乡这一级可以达到一万两千五百户。

字形演变

甲 金 篆 隶 楷

字族链接

因为"鄉"字是两个人面对面跪坐，目的是享用食物，所以"鄉"生出"饗（飨）"的含义，规范字的字形为了强调享用食物，在原字形下面又加了一个"食"字；又因为能够参加飨宴的人，都必须具有一定的身份，后来这一部分具有身份的人就被称作"卿"，所以，面对面就餐的这个字形也是"卿"字的来源。

鄉 饗 卿

释字

早期的"鼎"字是鼎的象形，画了一个鼎的整体形象，如金文""，有鼎耳、鼎身、鼎足，但更多的是做了抽象简化的"鼎"字，如金文""。

知识拓展

鼎的由来

早在新石器时代，鼎已经开始出现。新石器时代早期的炊器应该是普通的陶罐，或者是由陶罐改进的陶釜，而支撑在陶罐或陶釜之下的是自然的石块或者专门烧制的陶支座。后来把支座和陶罐或陶釜本身黏合在一起，就变成了鼎。青铜时代铜鼎成为重器，甚至用来象征国家政权。

字形演变

 甲　　 金　　 篆　　 隶　　 楷

字族链接

以"鼎"为字素的字有许多，比如"员（員）"就是其中之一。"员"是"圆"的本字，早期字形是一口鼎，然后鼎上专门画了一个圆圈，表示鼎口为圆形，因此表达的含义是圆。后来被借去作为量词用，又在"员"的外面加了一个"口"，成为"圆"字。

 鼎　　 員

163

释 字

"具"的本义是把器具恭敬地摆放在相应的位置上。从甲骨文"鼐"可以看出，"具"是双手捧鼎即将其放置到某一个地方的象形。因为鼎是古代的重器，而且是双手奉上，所以有郑重恭敬的含义。后来鼎形逐渐变形为"目"，成了双手奉"目"。

知识拓展

列鼎制度

"具"最初的含义，是把鼎摆出来。那么，鼎该如何摆呢？古代有一个列鼎制度，规定了鼎的排列方式，其实主要内容是排列鼎的数量。按照礼制，天子用九鼎，诸侯用七鼎，大夫用五鼎，士用三鼎或一鼎。这是祭祀或随葬时的标准配置，但在春秋战国时期，由于礼崩乐坏，许多人不再遵守这一规定，僭越的情况很普遍。

字形演变

甲

金

篆

隶

楷

字族链接

　　双手捧器的字形除"具"字外，还有很多，比如"彝"字，就是捧了好多的东西，有猪头、有米、有丝，这些东西都是用来祭祀的祭品。但早期的字形，双手捧的东西没有那么复杂，手中之物看起来更像是鸡一类的飞禽。其实彝是一种盛酒器，因为是宗庙中使用的常器，所以"彝"字也表示常的意思，比如"彝伦""彝典""彝法"等。

具　　彝

则

释字

"则（則）"的早期字形是由"鼎"和"刀"构成的，如金文""，意思是用刀切割，分食鼎中肉。而如何分肉，需要定个法则，因此"则"字的含义是规则、法则。后来为了书写方便，把"鼎"换成了"贝"。

知识拓展

武则天名字的由来

中国历史上唯一的女皇帝武则天的名字可以说是家喻户晓，但其实"则天"并不是她的名字。在她掌握政权的时候，她专门发明了一个"曌"字作为自己的名字。在她晚年期间，李唐王朝夺回政权，并给了她一个"则天大圣皇帝"的尊号，她死后的谥号也是"大圣则天皇后"，所以后人管她叫"武则天"。

字形演变

甲   金   篆   隶   楷

字族链接

由"鼎"构成的字，往往后期"鼎"的字形简化为"贝"字，除"则"外，"败"也是其中的一个字例。甲骨文的"败"有两种字形，一种是手持木棍敲打鼎，一种是手持木棍敲打贝，无论是鼎还是贝，都是用来代指某一种器具。用木棍把鼎或者贝代表的器物敲碎，表达的是由外力损坏。

 败

释 字

"米"是粮食脱粒以后的状态,而"米"的造字应当来源于加工米的一个重要环节,也就是筛米的过程。以甲骨文"米"为例,上下的小点象征米粒,而中间的横杠或斜杠,象征筛米的筛子,上面是需要筛的米,下面是筛好的米。

知识拓展

古代的粒食习俗

米是中国古代食物的最常见形态,虽然从考古发现看,面食的出现也很早,但面食的普及很可能是在隋唐以后,因此在隋唐以前,中国几乎所有的粮食都以粒食为主,烹调的形式一般为蒸和煮,蒸为米饭,煮为米粥。不仅粟米和稻米为粒食,而且小麦最初也多为粒食,因此,在面食普及之前,小麦并非美食。

字形演变

 甲　 金　 篆　 隶　 楷

字族链接

"米"的造字是一个粮食加工筛米的环节,"稻"的造字则是粮食加工的另外一个环节——舂米。比如金文的字形有米、手和臼等主要构件,表达的是将舂好的米从臼中取出。形声字在规范的过程中,把"米"换成"禾"字,保留了手和臼,逐渐变成了现在的字形。

 米　　　稻

释 字

斗起初是类似木瓢的盛酒器，相当于现在的酒提子，有一个长柄，后来作为一种量器使用。因为天上的北斗七星组成了一个斗形，因此"斗"字也用来指北斗。甲骨文、金文的"斗"字就是画了一个带长柄的斗勺。

知识拓展

南斗和北斗

夜空中实际上有两个斗。《滕王阁序》中"物华天宝，龙光射牛斗之墟"的"斗"指的是南斗，即二十八星宿中的斗宿。而我们熟知的北斗在北方的天顶，一年四季围绕北极星旋转，斗柄春天指东，夏天指南，秋天指西，冬天指北。组成北斗的七星从斗勺到斗柄，分别叫天枢、天璇、天玑、天权、玉衡、开阳和摇光。

字形演变

甲

金

篆

隶

楷

字族链接

升也是量器，是比斗更小的量器。从甲骨文和金文看，"升"和"斗"基本字形相同，只是"升"字勺内勺外多出小点。点的含义为小，所以升的本义为小斗。按照《说文解字》的说法，升的容积是十分之一斗。而比升小的计量单位是合，从合到升，从升到斗，都是十进位。

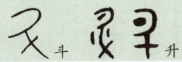
斗　升

宝

寶

释字

　　家里有猪（豕）是"家"，家里有酒是"富"，家里有玉有贝就是"宝（寶）"，宝是指家中的珍宝。通常情况下，甲骨文"🏠"是房子里有玉有贝，金文"🏠"则多了一个装玉和贝的罐子，也就是缶，意思是家里的这些珍宝放在罐子里。

知识拓展

老子的三宝

　　老子曾经送给世人"三宝"。那么这"三宝"是什么呢？老子说："一曰慈，二曰俭，三曰不敢为天下先。""慈"就是善待，善待自然，善待生命，善待他人，这是出自老子的敬畏心；"俭"就是简朴，去掉奢侈，去掉骄泰，在生活中做减法，返璞归真；"不敢为天下先"，就是学会让先，凡事不去争抢。

字形演变

 甲　 金　 篆　 隶　 楷

字族链接

　　"寶"字的甲骨文本来只是玉和贝放在家里，但金文增加了一个"缶"字，这样玉和贝就可以装起来了。"缶"的字形是上面一个"午"，也就是杵，下面是一个"口"代表器物，整体字形描绘的是制陶过程中捣陶泥的环节。缶因此还可以作为陶制盛器的统称，许多陶制中空的器物都以"缶"做偏旁。

 缶

释字

甲骨文和金文的"尊"字，是两手捧着一尊酒的象形，如"🖐️"的字形，描绘的是祭祀过程当中，把酒尊抬到祭台之上，由此生成两个含义：一是酒尊；二是尊敬。字形在演变过程中简化了一只手，现在的字形下面只剩下一只手——"寸"。

知识拓展

关于酒尊的祭祀

尊最初是用来祭祀的酒器。有一个"奠（🖐️）"字，字形保留了这个祭祀方式的信息。从字形可以看出，奠的过程就是把小尖底或者小圜底的大型酒尊摆放到祭坛上。为了保证酒尊立起来，必须在祭坛上挖一个坑，然后把酒尊蹾到里面。这个把酒尊蹾到小坑中的过程，象征着天地交合。古人以此来祈祷五谷丰登、人丁兴旺。

字形演变

甲　金　篆　隶　楷

字族链接

"奠"的本义是用盛满酒的大口尊来作祭祀。字形上半部分的主体是"酉"字，下半部分其实是祭坛。而上半部分的"酉"就酒尊的本形，也是"酒"的本字，这个字很早就被借去做干支使用，所以，在酒的含义上加了"水"的偏旁，表示酒是液体。

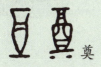奠　酉　酒

169

释 字

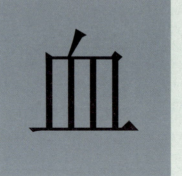

"血"字来自用来祭祀的牲血盛在容器中的象形。甲骨文字形（ꙮ）中盛在盛器中的血是已经凝固成块的样子。篆字把血块简化为一个短横。

知识拓展

歃血为盟

　　古人不仅有用酒祭祀的习俗，而且还有用血祭祀的习俗，而用来祭祀的血是作为牺牲的牛羊等牲畜的血。所以，最早的"血"字指的是动物的血。春秋战国时期，在诸侯国会盟的时候，也会用到牲血。参与会盟的人饮一小口牲血，或者把牲血涂在嘴唇上，表示对盟誓的忠诚，这就是歃血为盟。

字形演变

甲

金

篆

隶

楷

字族链接

　　用来盛血的盛器是"皿"。从甲骨文和金文字形看，"皿"字包含了"簋""豆"等在内的各种盛器，有的是圈足，有的是高柄。而在实际应用中，以"皿"字作为元素的字更多指的是盘、盆一类器物。后来大量的形声字多以"皿"字作形符，如益、盟、盥、盂、盅、盘、盆等。

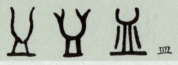
皿

释 字

甲骨文的"入"字是一个两边斜坡的房顶，下面没有墙体（八）。很可能下面是地穴式或者半地穴式的房屋。进入这种房屋，有一个从上而下的入的过程，所以用这个字形表示"入"的含义。

知 识 拓 展

远古时期的房屋

人类的发展有一个从山中来到平地的过程。在山中的早期人类，一般利用自然的洞穴作为栖身之地。来到平地以后，一般以半地穴式房屋为主，房顶就是早期"入"字的形态。后来房屋逐渐抬高，来到地面之上，这种房屋除了房顶之外，还出现了墙体。

字形演变

甲

金

篆

隶

楷

字 族 链 接

当房屋上升到地面以后，必须有高的墙体，"合"的字形就是这种地面建筑的示意图，有支撑屋顶的墙体，有斜坡屋顶，有的出檐，有的不出檐。这个"合"字其实是最早的"庐（廬）"字，后来被借去作为数字"六"，"庐（廬）"字又新创了一个形声字。而作为文字的构件，这个"合"字在规范汉字中被写作"宀"。

六（廬）

171

释 字

对每一个人都非常重要的"家"，应该怎样造字呢？古人的选择是一座房子和一头猪的组合()。房子里有头猪，这就是家。

知识拓展

家与猪

"家"字在造字之初，古人为什么会选择房子与猪的组合？这正是来自古人的超级灵感。首先，养猪需要饲料，粮食有了剩余才可以喂猪，所以，猪是财富的象征。第二，猪和牛羊不一样，需要圈养，所以，养猪需要稳定的住所，只有长久地住在一个地方，才可以有真正意义上的家。

字形演变

甲 金 篆 隶 楷

字族链接

古人造"家"字在选择动物时，没有选择牛羊等其他的牲畜，而把牛或者羊放在一个空间的字是"牢"字。"牢"与"家"完全不同，"家"是一个人最可以安定自己的地方，是一个自由的地方；"牢"是牛羊作为祭品被献上祭台之前临时圈养的地方，这也牢狱的"牢"含义的来历。

家 牢

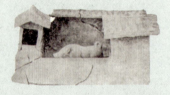

释 字

"宅"字甲骨文和金文的字形是房屋下面有一棵草，也就是"乇"字，草种在这里，表示扎根在这里，寄托在这里，所以，宅的初义是选择住的地方，选到哪里就是宅到哪里，也就是所谓的卜宅。

知识拓展

古代的卜宅

古代选择居住地的过程叫作卜宅。"卜宅"从字面上狭义理解的话，就是通过占卜确定居住地。其实古代的"卜宅"是全面考察居住环境的一个过程，最早的记载是《诗经·公刘》中，周的先祖公刘详细考察豳地环境的过程，比如考察水的情况、山的情况、平原的情况等，后来这种考察上升为理论，发展为风水学。

字形演变

 甲 金  篆 隶 楷

字族链接

与"宅"字紧密相关的还有"亳"字，这两个字都具有居住地的含义。不同的是"宅"可以泛指所有的居住的房屋，而"亳"是高大的建筑。"亳"的字形下面与"宅"相同，是一个代表居住的"乇"字，上面则把"宀"换成了一个高层建筑的字形。所以，"亳"往往不是一家一户的住处，而是一个族群或者更大范围的住处。

宅   亳

173

释字

门

"门（門）"字甲骨文和金文都有两种字形，一种带门梁（𩫖），一种不带门梁（𨳲），以不带门梁的为主。门枢在两边，左边一个门扇，右边一个门扇，两面对开，是双扇门的一个简笔画。

知识拓展

什么是门第

中国人自古有门第观念，讲究门当户对。门第一般是指富贵人家的宅院，但"门第"一词从字面理解，则是门的次第，也就是门的等级。不同的人家使用不同次第的门，以清代的北京为例，从皇宫到平民百姓，使用的是不同的门，比如皇宫大门、王府大门、广亮大门、金柱大门、蛮子门、如意门以及墙垣式门等，等级森严。

字形演变

甲

金

篆

隶

楷

字族链接

"門"字其实是两个"户"字的组合，古时户和门的区别是门扇的多少，一扇门为户，两扇门为门，通常门的概念比户要大。早期字形中，"户"就是一扇门的象形，把两个相反方向的"户"拼在一起就是"門"。

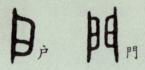
户　门

释 字

"京"的早期字形（）分成两部分，下面的高台有一道竖画，表示台基很高；上面则是两面起沿的像塔楼一样的细高建筑。这是一个比较大的工程，有可能是统治中心区域的建筑。所以，"京"字是高大的意思，而三代时期的统治中心叫作"京师"。

知识拓展

京和京师的由来

《诗经·大雅》有一首诗《公刘》，诗中说："乃陟南冈，乃觏于京。京师之野，于时处处。"这是公刘在勘察周族新的居住地。"京"是高的意思，"师"是众人聚集的意思，"京"和"京师"本义都是指地形，但由于是作为部族首领的公刘在选择建城之地，所以后人就把天子所居之地称作"京"或者"京师"。

字形演变

甲　金　篆　隶　楷

字族链接

"景"与"京"字相关。"景"是高大的建筑之上加了一个"日"，由此生出以下含义：比"京"更加的高大；太阳照在高大的建筑上，会出现一个非常明显的影子，所以，"景"是"影"的本字；因为站得高，太阳又明亮，所以可以看到更多的景色，所以又有风景的"景"的含义。

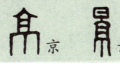京　景

释字

"高"字的早期字形（𩫖），是把京字下面表示高的竖画去掉，换成"口"。这个"口"可以理解为窗户，也可以理解为门道。总之，表达的意思和"京"字十分接近。因为有窗户或者门道，所以下面这一部分是下层建筑。多层建筑的特点就是高，所以这个字形用来专指高。

知识拓展

高山仰止

《史记》在赞美孔子时，引用了《诗经·车辖》中的"高山仰止，景行行止"两句诗。这两句诗的本义是：高山需要仰视，大路可以畅行。而《史记》引用的寓意是：孔子的品德和学养像高山一样令人敬仰，孔子的大道成为后人前进的道路。

字形演变

甲 金 篆 隶 楷

字族链接

"享"字与"高"不同的是，下面部分是高台。早期的字形就是对用于祭祀的享堂的描画。这个"享"字虽然通"飨"，但"享""飨"有各自不同的来源。"享"字来源于对建筑的描绘，而"飨"则来源于对就餐场面的描绘。

176

释 字

"向"的早期字形（）是一座房子开了一个窗户。因为门一般朝南开，所以房屋南面墙壁的窗户是在门的两旁，只有北面墙的窗户可以开在墙壁正中的位置，所以"向"字指的是房屋北面的窗户。北面的窗户确定了，屋子的朝向就确定了，所以"向"的含义是朝向、方向。

知识拓展

为什么房屋坐北朝南

自古以来，中国建造房屋习惯选择坐北朝南的方向，不论是屋门还是院门多在南面。原因是中国处在北半球，绝大部分地区太阳处在南天，所以南向的房屋有利于采光。另外冬天的时候以北风为主，南置的门窗可以避风；夏天的时候以南风为主，刮来的湿润空气，有利于人的健康。

字形演变

甲　金　篆　隶　楷

文字小常识

宋体字

宋体字是一种印刷体，我们现在见到的宋体字，起源于明代。宋代虽然雕版印刷兴盛，但当时所用字体与后世的宋体字不同。明代推崇宋刻本，大量翻刻宋刻本，为了方便刻版，形成了一种横平竖直的方块字，而且横画细、竖画粗。因为这种字体的出现与翻刻宋刻本有关，所以叫宋体字，这种字体一直沿用至今。

释字

车

"车（車）"字是由早期的全形象形字不断简化而来。最初的字形几乎是车全形的象形字（🚗），有衡、有轭、有辕、有舆，两边各有一个车轮，车轮外侧有固定车轮的车辖。经过不断地演化，变成了一只车轮的象形，或者可以理解为车舆和车轮的组合。

知识拓展

古代的车战

春秋战国时期，在赵武灵王"胡服骑射"之前，中原地区没有骑兵，大规模的战争都是车战，所以，各诸侯的国力或者军事实力都是以兵车的多少来计算。四匹马拉一辆车，每辆车还配有总计一百人的甲士、步兵等，这个配置称作乘，所谓千乘之国，指的就是有上千辆战车的诸侯国。

字形演变

字族链接

与战争有关的"车"字系字族，最典型的莫过于"军（軍）"字。车战时代，军队驻扎的时候，用战车围成一圈，作为军营。因此"军"的造字本义是军队驻扎，后来引申为军队的一级编制。"军"的概念或许起源于春秋时期，字形最初应该是由"匀"和"車"构成，"匀"既可以表达包围之形，又兼有读音的功能。

汉 字 的 世 界

舟

释 字

　　早期的舟，根据《周易·系辞》的描述，是"刳木为舟，剡木为楫"，把一棵大树剖挖成舟，削木头做成划船的桨，所以是独木舟。甲骨文""的字形，呈现出独木舟的简单结构，两侧是船帮，中间的分格表示船头和船尾。

知识拓展

古代传说中的发明

　　《周易·系辞》中有一段文字，说的是古代圣王根据《周易》卦象的各种发明：伏羲氏发明网，用于在陆地上捕鸟兽，在水中捕鱼；神农氏发明农具，教百姓农耕；黄帝和尧舜时代，发明舟楫，用于渡河，驯化牛马，用于驾车。

字形演变

 甲　 金　 篆　 隶　 楷

字族链接

　　"舟"除了指船之外，还指古代盘子一类的盛器。而"盘（盤）"的字形也来源于"舟"。"盘（盤）"的本字是"般"，最初的"般"字是手持工具旋转盘子的象形，描绘的是一个制作陶盘的过程，用旋转寓意圆形。

 舟　股　般　盤

179

释 字

"旅"的早期字形（）是一杆飘扬的大旗之下，有一个由两个人组成的"从"字，这里的"从"字有跟从和聚集的含义，整个字形表达的是人聚集在大旗之下出征，有的字形中含有"车"字，所以，"旅"最初是军旅出征的意思，后来泛指远行。

知识拓展

孔子周游列国

　　孔子周游列国是中国历史上一次著名的旅行。孔子直到50多岁，才得到机会登上鲁国的政治舞台。正准备施展抱负的时候，鲁国君臣却沉溺于宴乐，迫使他带领学生离开了鲁国，开始了周游列国之旅。虽然经历了种种磨难，但孔子的影响力因此得到更大的提升。经过长达14年的漂泊，68岁时孔子终于又回到了鲁国。

字形演变

甲　金　篆　隶　楷

文字小常识

雕版印刷

　　魏晋以前，中国的书籍都是由抄录完成。南北朝时期由于佛教盛行，抄经的风俗极为兴盛。到唐朝时，为了更方便地复制佛经，出现了雕版印刷术。目前已知有纪年的最早雕版印刷品是唐咸通九年的《金刚经》。雕版印刷术到宋代以后大为兴盛，各类图书都以印刷为主要流传手段。虽然活字印刷术早在宋代已经发明，但直到清代末期，中国的主要印刷工艺仍然是雕版印刷。

释 字

　　"行"字最初就是画了一个十字路口（），用十字路口代表道路，所以"行"的本义是道路，然后由道路引申为行走。与"行"字相关的字，以及以"行"的一半"彳"字为偏旁的字，多与道路和行走有关，比如：街、衢、征、径、徙等。

知识拓展

五行

　　古人认为，大自然由金、木、水、火、土五种要素构成，并用这五种要素象征万事万物之间的联系。这种联系就是：五行相生——木生火，火生土，土生金，金生水，水生木；五行相克——木克土，土克水，水克火，火克金，金克木。因为五种要素之间是按照生克的规律运行，所以叫"五行"。

字形演变

甲　金　篆　隶　楷

文字小常识

图书装订的演变

　　中国最早的书籍因为主要书写在竹简之上，所以一般是被卷成书卷。隋唐以后，纸张被大规模使用，而且出现了雕版印刷术，书籍更加普及，但这一时期的书籍还主要是卷轴装。宋代雕版印刷爆发式发展，已有经折装、蝴蝶装、包背装等丰富的装订形式。线装书普及于明朝，这种装订形式是用线把书页连同封面装订起来，这是古代最方便翻阅的装订形式。

181

释 字

古代最具代表性的武器是什么？就是战争中最常用的武器"戈"。青铜戈是商周时期出土最多的武器，因此，"戈"在有关战争的字族中被广泛使用。早期字形当中，"戈"字非常形象，有戈头、柲（长柄），有的甚至有下面的镈和戈头后面的穗，是戈的实物的全形，如金文"钅"。

知识拓展

古代的长兵器

中国古代把各类武器总结为"十八般兵器"，春秋战国时代使用的长兵器主要有戈、矛、戟、殳等。戈主要用于勾；矛主要用于刺；戟是戈和矛的合体，既可以勾，也可以刺；殳没有刃，主要用于击打。

字形演变

甲

金

篆

隶

楷

字族链接

与"戈"有关的字有许多，比如"戎""武""戒"等。"戎"除了戈之外还有甲盾，一手持戈，一手持盾，这是一个即将出兵作战的士兵的标配，所以"戎"在古代代表了军事和战争；"武"是"戈"下有一只脚，表达的是士兵扛着戈行走，意思是远行征伐；"戒"是两只手抱着戈，手中持戈，意思是处在一种警戒状态。

戎　武　戒

182

释 字

"史"的早期字形（）是手持"中"字形物。那么这个"中"是什么？有人说是简策，有人说是狩猎工具。我们把上面没有枝权的字形归到"史"字，字形的含义是掌握简策的人，也就是负责掌管文献和记录时事的人，这些人就是"史"。

知识拓展

国之大事，在祀与戎

古人讲："国之大事，在祀与戎。"意思是国家的大事一共有两件，一是祭祀，一是战争。祭祀是家族甚至是民族认同的重要仪式，只有同一家族或者同一民族的人才能参加同一种祭祀，确认共同的祖先和共同的信仰；战争则关系到一个家族、一个国家、一个民族的生死存亡。

字形演变

甲　　金　　篆　　隶　　楷

字族链接

"史""使""吏""事"是同源字。我们把上半部分是一道竖画从中穿过的字形归为"史"字，而把上半部分是"干"字从中穿过的字形归为"事"，这个字形也是"吏""使"的同源字。战争或狩猎是古代的大事，所以以此字为"事"字；代表本国出使时要举旗帜或其他仪仗之物，所以此字也是"使"的本字；举此物的人是有职的官吏，所以此字也是"吏"的本字。

183

原始字形　事　吏　使

释 字

"岁（歲）"的基本字形是由"步"和"戈"或者"戌"构成（），表达的是扛着武器行走，就像一个巡逻兵巡行。那么这个"岁（歲）"巡行的是什么地方呢？这个地方就是天空。由此我们知道，原来"岁（歲）"最初是指天上的岁星，也就是木星。

知识拓展

岁与太岁

古人把天空中黄道二十八星宿划分为十二星次。岁星——也就是木星——与其他的行星不同，它的运行有非常强的规律性，接近十二年巡行黄道一周，所处位置为每年一个星次，十二星次转一周，所以古人用岁代表一年的时间。"太岁"的概念也是由此而来，古人认为"太岁"是光阴之神、命运之神。

字形演变

甲

金

篆

隶

楷

文字小常识

西夏文

西夏是大约与宋朝同时的中国西北地区党项族建立的政权，存续时间接近二百年。西夏第一代皇帝李元昊，为了从文化上维护党项族的统治，命大臣野利仁荣创制了党项族自己的文字，也就是西夏文。西夏文仿照汉字的结构，看起来很像看不懂的汉字。与汉字一样，西夏文也有篆、隶、真、行、草等字体。20世纪初，黑水城一批西夏文文献的发现，让这种已经灭绝的文字重新走进了现代人的视野。

释 字

"成"字从篆字（<ruby>戌</ruby>）看，是"戌"字中有一个"丁"字。所谓"丁"，代表了物，所以"成"的本义应当是用斧子劈物，劈物的目的是为了做成某种器物。回到甲骨文（<ruby>戌</ruby>），下面的"丁"或者是方块形，或者简化为一个竖点，这就是"成"字的由来。

知识拓展

"成败"的造字智慧

我们从"成""败"两个字的造字，可以看出古人关于成败的智慧。"成"字使用的是类似长柄斧的工具，"败"字的一侧是手持棍棒。同样是手拿工具，一个目的是为了做成一件东西，一个目的是为了破坏一件东西。所以，一件事的成败不在于手中是什么工具，而是在于使用工具的人是什么用心。

字形演变

 甲
 金
 篆
 隶
 楷

字族链接

"成"字从篆字看，是"戌"字中有一个"丁"字，而甲骨文和金文，更像是"戌"字下面有一物。其实"戊"和"戌"字形很接近，在作为造字构件时，不一定需要区分，而作为"戊"和"戌"的本字，两者的区别是："戊"强调了向外的弧刃，"戌"强调了宽刃。

戊　戌

185

释 字

"我"字最初是一种武器或者工具的象形（丮），整体与"戈"相近，但与"戈"不同的是，长柄上的刃器呈锯齿状，很可能是切割肉类的工具，所以"我"字最初的含义是杀。

知识拓展

孔子绝四

《论语》中讲到孔子杜绝四种情况，分别是："毋意，毋必，毋固，毋我。"其中"毋我"是最后一项。"毋意"是不要凭主观臆测去判断；"毋必"是不要在没有完全了解清楚的前提下认为一定是自己判断的那样；"毋固"是不要固执，一味坚持自己的判断不肯改变；"毋我"是不要考虑问题太自我，太自以为是。

字形演变

甲

金

篆

隶

楷

字族链接

用"我"这种工具来切割羊肉，这个字就是"义（義）"。切割羊肉来做什么呢？原来是用于祭祀。祭祀当中有许多规仪，其实"義"是"仪（儀）"的本字。道义的"义（義）"，本义是必须遵守的规矩，这个字专用道义的"义（義）"的含义后，又新造了"仪（儀）"字，表示规仪的"仪（儀）"的含义。

我 我   義 義   儀 儀

释　字

　　"刀"字是象形字，与甲骨文同时代的商代金文（𠚣）是一个全形的象形，但甲骨文字形已经有了抽象的变化（𠚣），不太容易让人把"刀"字与刀的原物联系起来，相反，甲骨文的字形更像"匕"字。

知识拓展

古代货币形制的来源

　　春秋时期的齐国用刀币做货币，刀币的形状与日常用的刀具极其相似，所以刀币其实是来自实用的工具。与此异曲同工的是，三晋的布币，形象来源于铲；秦的圜钱，形象则有可能来源于纺轮。所以，最初的货币，基本来自劳动工具。

字形演变

甲　　金　　篆　　隶　　楷

字族链接

　　"刀"字除了与"匕"字字形比较相近外，作为组字构件使用时，与"力"字不太容易区分。"力"字来源于农具"耒"的象形，因为用"耒"耕田需要有力，所以这个字被借用为力量的"力"。单独的字形对比，"力"与"刀"字容易区别，但在"利""物"等字中，右侧部分难以断定是"刀"还是"力"。

力（耒）　利　物

八

释字

一撇一捺的"八"字最初表达的是什么意思呢？"八"自古以来就是两道弧形弯曲的笔画，一个向左，一个向右，表达的就是分开的意思。因此，"八"就是"分"的本字。"八"被借为数字以后，在"分"的含义上加了一把"刀"，强调了分开的工具。

知识拓展

说说古代的"八"字

"八"是分开的意思，所以"八"字并不是中国人传统的吉祥数字。不过，八个数字可以组成一个方正的图形，所以，"八"字在古代也常被使用，比如：《周易》的八卦，乾、兑、离、震、巽、坎、艮、坤；乐器中的八音，金、石、丝、竹、匏、土、革、木；还有四正四隅的八方、年月日时的四柱八字等。

字形演变

甲

金

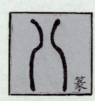
篆

隶

楷

字族链接

"八"字被借去当作数字后，在分开的含义上另创了两个字，一个是"分"，强调分开的工具是用刀；一个是"扒"，强调是用手来分开，不过"扒"字字形出现较晚。与"八"字有关的还有"半"字，"半"由八和牛头构成，表达的是把牛头分开，不过分牛头必须用刀，所以"半"也是"判"的本字。"判"是用刀分牛头的完整字形。

少　分　扒　扒　半　半　䍍　判

释 字

甲骨文和金文的"七"字，都是一横一竖相交，如"十"的字形，意为从中间切断，可见，"七"是"切"的本字。这个早期字形的"七"字与同时期的"甲"字很接近，与秦汉以后的"十"字也很近似，为了区分起见，篆字将竖画作了弯曲处理，逐渐变成现在的样子。

知识拓展

说说古代的"七"字

"七"是中国古代的一个重要的周期，比如《周易》中的"七日来复"，指的是七天一个周期。"做七"是古代的一种葬俗，一般从死者死后的第一天或者出殡的第一天开始计算，每七天一个周期，头七设灵位，七七四十九天除灵。中医把女性的生理期按照七年一个周期计，二七（十四岁）开始，七七（四十九岁）终止。

字形演变

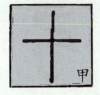

字族链接

"七"被借去当作数字以后，在"切"的含义上加了一把"刀"，变成了"切"字。从造字来看，"七"和"八"的排序非常有趣，"七"是"切"的本字，是把肉一类的东西用刀切开；"八"是"分"的本字，把肉一类的东西用刀切开以后，就可以分成两半。不知道这个顺序是有意为之，还是巧合。

释 字

弓是一种古代的远程武器，甲骨文的"弓"字就是弓的简笔画（ ），有弓臂和弓弦，是典型的象形字。金文之后逐渐抽象化，看起来更像一个弯曲的"人"字。在字形演变过程中，弯曲进一步夸张，逐渐变成现在的字形。

知识拓展

孔子时代的六艺

使用弓箭是古代重要的技能，在狩猎和战争中被广泛应用，射箭因此成为古代必学的六艺之一。孔子时代的教学内容就是六艺，分别是礼、乐、射、御、书、数。礼是当时社会的行为规范，乐是和礼仪相关的音乐以及娱乐的音乐，射就是用弓射箭，御是驾车，书是写字认字，数是计算，所以都是社会生活的必备技能。

字形演变

甲

金

篆

隶

楷

字族链接

拉开弓的动作，就是"引"，而拉开弓的状态，引申出"弘"的含义。"弘"的常用义项为大或者使之大，所以"引""弘"两个字同源。"引"或"弘"的早期字形看起来像"弓"字下方有一个小尾巴，这个像小尾巴一样的笔画应该是表示拉弓时持弓的位置。后来两个字发生了分化，一个写作"引"，一个写作"弘"。

引　　弘

190

释字

"射"字本来与"身"字无关，早期字形主体是箭挂在弓弦上，有的有手，有的没有手，周代金文固定为手拉弓箭的字形（卂）。因为"弓"的字形与"身"字接近，所以战国时期"弓"字被误作"身"字，形成由"身"和"寸"（手的变形）构成的字形。

知识拓展

羿射九日

传说很久很久以前天上有十个太阳，每天由一个太阳当班，天上天下相安无事。但是后来，不安分的十个太阳忽然同时出现，大地变得炎热无比，草木庄稼枯萎，百姓痛苦不堪。尧于是派善射的羿去拯救苍生。羿用弓箭一口气射下九个太阳，终于让大地恢复了正常，所以现在天上只剩下了一个太阳。

字形演变

 甲
 金
 篆
 隶
 楷

文字小常识

八思巴文

八思巴是藏传佛教萨迦派的第五代祖师，元朝皇帝忽必烈当政时期，他被奉为"国师"。元朝至元年间，八思巴奉诏创制蒙古文字，当时称作"蒙古新字"或"蒙古字"，俗称"八思巴文"。八思巴文是一种字母文字，字母主要来源于藏文以及部分梵文。元朝灭亡以后，"八思巴文"也逐渐被废弃。

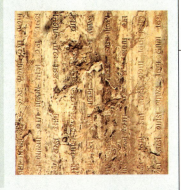

矢

释 字

"矢"现在称作"箭"，是与"弓"搭配的远程武器。"矢"为象形字，早期字形（↕）是一支竖向的箭形，有箭头、箭杆儿和箭羽。周代以后的金文字形，尾羽看起来像燕尾，中间加一点或一横，表示箭杆儿的位置。

知识拓展

齐的由来

上古时期，处在东方的东夷民族是一个善射的民族，据说羿就是东夷的首领，以善射著称。而齐鲁大地的"齐"字，最早的字形"⚹"，就是由三支箭头组成，意思是三支箭齐飞。而善射的人聚集的地方称作"齐"，流过齐这个地方的河流就是齐水，所以这里最大的河流叫作"济水"。

字形演变

甲　金　篆　隶　楷

字族链接

"侯"字的起源与"矢"字有关。从早期字形看，"矢"外面的边框似乎表示边界，所以"侯"字最初的含义是指一个范围。用力射出一箭，以射出地到箭落的地点为半径画一个圈儿，这个圈儿内的主人就是"侯"，后来借为封地主人的爵位名称。

侯

释字

"至"的意思是"到"。那么古人造字时是怎样来表达"到"的含义呢？一支箭在经过飞行之后落到了地上，落到哪里就是到哪里。所以，早期字形如甲骨文"　"就是把"矢"也就是一支箭倒过来插在地面上。

知识拓展

至大无外，至小无内

因为"至"字是一支箭落到射程的尽头，所以在古汉语中"至"还有极限的含义。《庄子·天下》中引用惠子的话说："至大无外，谓之大一；至小无内，谓之小一。"说的就是大到极限的状态和小到极限的状态。大到什么程度呢？大到撑满空间，再往外不再存在空间。小到什么程度呢？小到缩尽空间，再往里不再存在空间。

字形演变

甲

金

篆

隶

楷

字族链接

"晋"的早期字形是两支倒置的箭（矢）和"日"组成，倒置的箭就是"至"字，两个"至"与"日"组合，意思是日到了，也就是太阳出来了。所以"晋"最初的含义是太阳进入视野，由此产生向上和进的引申义。

晋

释 字

"父"字是从哪里来的呢？原来"父"字最初是斧子的意思，早期字形（ ）是手里拿着一把手斧，所以"父"是"斧"的本字。而持斧劳作是男性特征，所以引申为成年男性。后来演变为父亲的含义。

知识拓展

说说古代的"父"字

"父"字字形起源于使用斧的男人，可以彰显力量之美，所以最初是男子的美称，历史上有许多人用"父"字做名字，比如孔父嘉、夸父等。孔父嘉是孔子的六世祖，孔子之所以以"孔"为姓氏，正是因为他的六世祖叫孔父嘉。夸父是神话人物，他是一个追赶太阳的英雄，换个角度的话，他也被人视为不自量力的代表。

字形演变

甲

金

篆

隶

楷

字族链接

"父"是"斧"的本字，这个字被借走以后，在"斧"的含义上，加了一个"斤"字，另外造了"斧"字。"斤"是带柄的斧子，"父""斤"合在一起，就涵盖了所有的斧子类型。

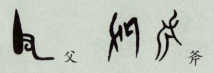
父　　　斧

释 字

古代有两种斧子，一种是手斧，一种是长柄斧。"父"的字形来自手斧，"斤"的字形则来自长柄斧。从早期字形如甲骨文"勹"看，"斤"是斧子的全形，有刃部，还有弯曲的斧柄。

知识拓展

古代的重量单位

"斤"字除了作为本义使用之外，还是古代的重量单位。中国古代计量的方法叫作度量衡。度是丈量长度，量是称量容积，衡是称量重量。所谓衡，是指秤杆。古代的秤有秤杆和秤砣，秤杆叫衡，秤砣叫权，所谓权衡，最初就是指称重量。重量单位有锱、铢、两、斤、钧等，其中斤是比较稳定和比较重要的重量单位。

字形演变

甲

金

篆

隶

楷

字族链接

"斤"字的早期字形由尖尖的斧刃和弯曲的斧柄组成，斧柄的形态是"可"字，是"柯"的本字，"可"的本义就是斧柄。"斤"字去掉刃部，就成了不带"口"的"可"字，也有人把它读为"乃"字，加上"口"，就变成了"可"。或许因为早期的斧柄（柯）均采自自然的木头，所以都有一定的弯曲度，而弯曲成为柯的特点。

斤　勹乃　可

释 字

　　"兵"的早期字形（ ）是双手奉"斤"，可见最初的兵器是由工具演变而来的。"斤"就是长柄的斧子，本来是伐木工具。最早的部落战争可能就像后来的械斗，抄起一把斧子就可以投入战斗。因此，"兵"的本义为持斧战斗，引申为兵器和战争。

知识拓展

《孙子兵法》

　　兵家是春秋战国时期诸子百家之一。孙武是兵家的代表人物，著有《孙子兵法》一书。《孙子兵法》是人类最早的战争学著作，它不仅架构起完整的军事理论体系，而且受中国哲学思想的影响，具有独到的博弈智慧。如今《孙子兵法》已经超越了战争的范围，被广泛运用到各种有博弈性质的领域。

字形演变

 甲　 金　 篆　 隶　 楷

文字小常识

台阁体

　　台阁体又叫馆阁体，是明清时期书写公文等主要采用的字体，也是当时参加科举的读书人必须临习的字体。这种字体始于明代初年的书法家沈度，特点是字体大小一致，端正工整，一丝不苟，写出来的作品如同印刷品。这种字体虽然能体现出书写者的书法功底，但因为缺乏变化、千篇一律，逐渐被书法界所唾弃。

释 字

"尹"字和"父"字非常相像，都是以手持物。两者的区别是，"父"是手中持斧，"尹"是手中持杖（⼸）。"尹"手中的这根杖不是普通的杖，而是代表权力的权杖。所以，"尹"的本义是握有权力的人。

知识拓展

君子的由来

掌握权力并可以发号施令的人，在古代控制着统治权、祭祀权和司法权，逐渐形成与"小人"也就是平民相对的"君子"阶层。"君子"阶层的人由于受到良好的教育，又承担了治理国家的重任，所以涌现了许多勇于担当、品质优秀的人，"君子"的含义也因此发生了变化，成为有优秀品格之人的代称。

字形演变

甲

金

篆

隶

楷

字族链接

在"尹"字的下方加个"口"字，就是"君"。"君"不仅手握权杖，而且还可以发号施令。可以发号施令的人就是"君"，所以，"君"指的就是首领。一个国家的首领就是君王，所以称最高统治者为国君。

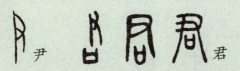

197

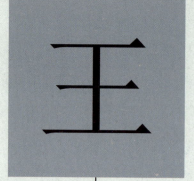

释 字

"王"是象形字，最初的字形（如金文"王"）是大斧子，也就是战争中使用的钺。而这个成为"王"字来源的钺，实际上是一种权力的象征，手持钺的人就是这支军队的首领，拥有指挥这支军队的权力，也就是这支军队的"王"。

知识拓展

帝、后、君、王的来历

"帝"字起源于祭祀的柴堆，祭祀的对象是上天，所以最初的"帝"是指上帝；"后"的字形是倒立的"匕"，也就是分食的餐具加上"口"字，指的是具有权力分配食物的人，在家族内具有最高权力；"君"的字形是手中握有权杖，并以此发号施令，是具有指挥权的人；"王"的字形起源于斧形的钺，指的是军事首领。

字形演变

甲

金

篆

隶

楷

字族链接

"王"字来自钺形，但"钺"本身另有造字，只是最初的"钺"字没有偏旁，也就是"戉"字。"戉"与"王"的区别是："王"是钺主体部分的象形，而"戉"是把钺装在长柄上的整体武器的象形。也就是说"王"是钺的头，装到柄上就成了"戉"。"戉"与"戈""戌"接近，"戉"是外弧刃，"戈"是内弧刃，"戌"是宽刃，但早期字形区别并不是很严格。

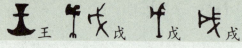
王 戉 戉 戌

释 字

　　"玉"最早的功能是人的装饰，而作为装饰品，比如玉佩，往往是一串玉器的组合。因此，"玉"字早期字形来源于一串玉的象形，后来逐渐简化成三横一竖的字形，如金文"丰"。为了区别同样简化为三横一竖的"王"字，"玉"的字形中又加了一点。

知识拓展

六玉

　　古代有专门的六种玉器用于不同的祭祀，分别是：苍璧礼天，黄琮礼地，青圭礼东方，赤璋礼南方，白琥礼西方，玄璜礼北方。也就是说，在礼制完备的周代，天地四方这六合（相当于现代三维空间的概念），都有对应的玉礼器，这些玉礼器既有形状的象征意义，又有颜色的象征意义。

字形演变

甲

金

篆

隶

楷

字族链接

　　"玉"在甲骨文中的字形往往是一串玉，但也有以玉琮之形为字形的"玉"字，比如"弄"的字形就是由玉琮和手构成。金文以后，"弄"字固定为两只手上有一个"玉"字，表达的意思是双手玩玉。所以，"弄"的含义是把玩。

弄

199

释 字

"贝（貝）"字最初是贝壳的象形，从甲骨文"𧵟"的字形看，是贝壳腹部朝上的象形。这些贝壳最初的功能应该是装饰品，但后来变成了原始的货币，所以，许多与财宝有关的字都用"贝"做偏旁。

貝

知识拓展

古代货币

中国古代最早的货币很可能是从自然的贝壳开始的，后来也有石贝、铜贝等，楚国的蚁鼻钱就是一种铜制仿贝。成熟的货币一般分称量货币和铜钱。称量货币有金块、铜饼以及后来的金银锭等，战国时期的郢爰是早期比较有代表性的称量货币。战国时期的铜钱形式多样，比如布币、刀币、圜钱等，秦朝以后基本为圜钱形态。

字形演变

字族链接

与"贝"字相关的字多与财宝有关，字族非常丰富。"得"字其实也与"贝"字有关。"得"字早期有两种字形，一种是"得"，以手取贝，表示得到宝贝；一种是"得"，除了以手取贝外，又增加了"彳"字，也就是半个"行"字，表示行有所得。看来得到宝贝还需要一番努力。

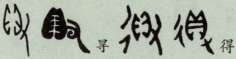